New window 新視野183

想推薦給父母，自己也想住進去的幸福安養院 全方位選擇指南

親に薦めたい！自分も入りたい！老人ホーム探し50の法則

上岡榮信——著
賴芯葳——譯

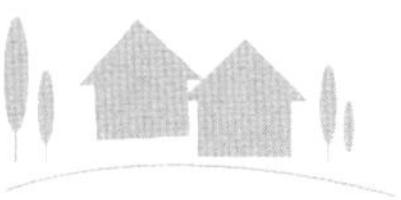

高寶書版集團

序言

書店裡充滿了許多解說該如何選擇老人長期安養院的書籍。本書跟其他的解說書有些不同，為了不在入住後才感到後悔，統整了在選擇安養院時必須知道的四十九個重點；介紹了至今較少被指出來的一些要點。

在這四十九條法則的背後，其實就是在選擇安養院時，將重點放在經營公司、組織的「理念」與「哲學」。我在約三十年的時間裡，看過了海外六百間、日本八百五十間以上的高齡者專用設施及住宅。因此深深感受到「經營高齡者設施的機構，絕對需要有自己的事業展望及經營哲學」。

分明接下來的文章是要介紹安養院的選擇方式，卻突然開始講起了理念、哲學這種話，各位讀者或許心裡會感到疑惑。的確，實際上就算沒有這些東西，也能夠申請經營高齡者專用設施、住宅，厚生勞動省或東京都等自治組織更沒有規定「經營收費安養院者，必須明示經營者之理念」。說極端點，只要有設計圖跟資金，經過許可，整理過建築物及設備後就能經營安養院了。不過，若是安養院的格局及設備缺乏了關心入住者的生活、行走動線等這類照護理念，絕對稱不上是一間舒適的好安養院。照護手冊裡若是沒有理念，就成了單純的工作說明書，要是住進了這種安養院，後半生就不得不接受這種冷漠又不舒適的服務。

經營者的理念與哲學可以從花費細項、餐點內容、休閒活動內容、網頁的呈現方式等感受出來。有沒有注重入住者及家人的滿意度呢？是否在意工作人員的成就感呢？甚至是最重視公司的利益等等，這些想法也全都會表現在這些細節上。若是重視利益，服務品質就差；若是重視入住者，那麼服務品質就高。入住者本人及家人在考慮是否入住安養院時，唯一的準則並非只是理念與哲學。只是，在我參觀評價高的安養院時，每次都能深深感受到這一點。

「當然，光只有說話或字面上寫得好看，工作人員卻沒能了解到經營者的理念，也不過只是畫大餅罷了。不過，全體職員越是了解到安養院的照護理念，服務品質就越高，工作人員與入住者也能有良好的人際關係。本書正是要讓不是專家的一般人也能分辨安養院究竟是否真的說到做到。

能夠讓入住者及家人都能安心的安養院，究竟需要什麼條件？針對醫療或照護細項，究竟該選擇有什麼樣想法的安養院？該怎麼看，該怎麼問才能了解這些內容？從日本到海外，我以看遍一千多間收費安養院的專家觀點，來向各位介紹真正優良的安養院，以及需要多加注意的安養院。

這本書，是我於二〇一〇年所著《絕對不失敗的付費照護中心選擇術》後的第二本書。第一本書是我於一九八三年到二〇一〇年探訪了高齡者福利相當優秀的歐洲，以及將老後住宅及照護服務作為商品來販售的美國與加拿大等國，集結了這些經驗後所書寫的內容。這是我陪同開發、經營高齡者設施的專家們，前往這些國家參觀並協助他們到安養院參觀時所學到的經驗。

這本書與第一本書的立場、觀點、視野相當不同。不僅加入了我至今學到的知識與見解，更統整了我前往探訪日本各地不同類型的高齡者設施、住宅後，進行評價、排名後所了解的事實及知識。

執筆時，我腦海中也浮現了希望推薦給各位的安養院。能推薦給入住者及其家人的安養院，對工作人員來說也是個很棒的工作環境，地主也能收到二十到二十五年長期且安定的租金。寫書的過程中，我更加強烈地感受到這些優點。另外，對融資的銀行或信用金庫來說，這些安養院也是入住率高，不用擔心會無法償還貸款的優良融資對象。真正好的設施，不僅入住者能夠舒適生活，家人也能安心，社區開心，投資者也相當滿足，更能達到貢獻社會的目的。

我很肯定的說，書的內容不僅是對尋找安養院的高齡者或其家人、尋找優良職場的照護人員有用，在另一層意義上，對煩惱該如何活用土地的地主、尋找優良融資對象的金融機關來說，都是相當有用的參考。

本書介紹的法則，無論從哪一頁看起都沒問題。希望各位在閱讀時能驚呼「原來也有這種方法！」，並實際選擇絕不會後悔的安養院吧。

上岡榮信

目錄

目錄

目錄

第一章

分辨優良安養院的49條法則

- 準備階段：1～13條法則
- 參觀、體驗入住：14～35條法則
- 分析、決定：36～49條法則

法則1

重要的是經營理念是否能打動人心

最近，使用「最終歸宿」來作為宣傳的安養院變少了。甚至讓人感覺到長照相關人士都開始避免使用這些字眼。受到國家財政緊縮的風聲影響，現在照護關係者們則是開口閉口都是支援自主獨立、居家照護等說法。不過，居家照護是有限制的。

在我探訪某地區的特別養護老人安養院時，聽到設施工作人員說明「若是照護度下降了，也可以回家」時，心裡不禁相當在意。排隊入住特別養護安養院的人超過四十萬人，好不容易等到照護度超過三（約台灣的中度失能）後才順利入住，本人跟家人都鬆了一口氣。但若是因為受到工作人員細心照顧，失能狀況好轉而再次回到家裡，這樣真的會受到熱烈歡迎嗎？在某些情況下，因為失能程度好轉而不得不搬出安養院，這會不會反而是種麻煩呢？

下面的文章，是某位作家書中的一段話。

「『年老』似乎不是『身心機能逐漸衰退，身為人的欲望也隨之枯竭』。相對的，越年老越會失去壓抑自己的衝動或情感，甚至管理的能力，反而會更暴露出自己的衝動或欲望。個性會越來越加偏激，對周遭或他人越是不在意。過程雖然非常多樣，各有不同，但就我的觀察看來，這種喪失制約理性能力的情況，雖然程度各有不同，卻也都公平地發生在所有人身上。年老之後，還能保有原本優良的品行，仍舊得到所有人的尊敬，不斷完美地遵守社會規範，實在是相當困難的行為。

更應該說，我後來認為，正是因為年老會喪失自我制約的能力，每個人更應該對此表現出寬容才對。」（久田惠著《母親所在之處——Silver Villa向山的故事》）。

老化至此種狀態的入住者們，根本無暇在意自己是否符合照護保險的給付標準，更別說何時能得到給付。雖然看來荒謬，但這就像是引擎、方向盤、煞車都壞掉、即將報廢的車子一樣——已經是失能狀態或是日常生活功能（ADL）都無法改善，即將臨終前的短暫時期。當然，在日本也有可以在健康時就入住，如飯店一樣，設備、環境、服務都相當高級的安養院。可是，等到臨終之際，無論哪裡的情況都差不了多少。

在臨終末期的照護現場，雖知道會產生誤會，但我還是要說出來，那實在是個不知道會發生什麼事，什麼都有可能遇到的世界。我至今看了許多高齡者設施才了解，能夠真心面對已經進入臨終末期的入住者，並提供安穩、細心的服務設施，才是真正的照護服務。這才是真正的最終居所。

CHECK

照護度（需照護度）

在日本的照護保險制度中，有根據使用者的狀況分級並制定基準，並以此基準來設定照護給付額。分級的數字越小，症狀越輕，需要的照護也較少，因此給付額也較低。

※台灣的長照2.0也有類似的分級，共為八級，一樣數字越小給付額越低。

我的使命正是要找出無論是多麼嚴重的失能患者都能夠被接納，只要入住者或家人同意，不僅可以在安養院裡安詳往生，也能夠舉行送別會、送葬等等的高品質「最終居所」，當然還有入住後的服務及支援。

在設施經營者的理念裡頭，肯定會有「對年長、年老的理解及同感」、「對高齡社會的認識、想法、立場及使命」、「世界觀、生死觀」、「對老、病、死亡的認識、態度及覺悟」、「對入住者、家人、員工的責任」。在聽到這些話語時，千萬不能以對方說得多好來判斷。不能只用耳朵與頭腦來理解，而是要用心來體會。請試著問問自己，是否能真心對說出這種話的人感到尊敬，是否能聽從他的話語，是否能對他的背影低頭敬禮。

實際上，真正去詢問設施裡的員工有關經營理念的問題，只有非常少的人可以理解並表現於行動上。請務必仔細觀察經營者的理念是否有真的在設施內「可視化」，並且深深滲透於員工的行為上。

CHECK

ADL（Activities of Daily Living）

進食、如廁、入浴、更衣等日常生活的必須動作。可作為老年人自主獨立能力判斷的指標。

法則2

入住的時機必須用「步伐」及「走路速度」判斷

考慮入住付費安養院的人，有著各式各樣的理由。比方是：「想趁健康時從家務工作中解放，夫妻兩人一起享受第二人生」、「考慮到之後需要長照，想趁早入住」、「想避免年老獨居的不安」、「要維護自家的環境實在太過吃力」、「不想讓孩子們麻煩」……

付費安養院大致可分為「附長照服務」、「住宅型」、「健康型」。健康型是能在健康時入住的設施，並不會照顧重症甚至是臨終安寧。雖然也有能從健康時一路照顧到臨終的長照服務的「混合型」設施，但入住時間越長，費用也會越高。因此，大多數的人還是等到需要照護時才會開始尋找安養院。

那麼，該怎麼樣判斷什麼時候才需要入住呢？每個人的年老方式都不太一樣。有的人會從六十五歲才開始覺得自己老了，但也有人的體力是在短時間內消退，更有人體力雖然衰退，卻也能暫時維持正常生活一段時間；甚至也有人能夠健康地活到一百歲。所以說，衰老的方式可說是各有不同。

我從在東京都練馬區經營付費安養院「SILVER VILLA 向山」、「APPRENDRE 向山」的三協股份公司的岩城隆就社長那裡聽說了一種相當值得參考的判斷基準，那就是以「步伐」作為基準。

岩城社長經營的安養院房間約十一到二十平方公尺，與一般住宅相比較為狹窄。如果會覺得這房間過於狹窄的人，似乎就還沒有必要入住。參考岩城先生的意見之後，我認為下面兩個問題可以成為判斷入住時機的參考。

「從現在家裡的寢室床鋪走到廁所約有幾公尺遠？」

「從床鋪到廁所大概要走幾秒、幾步？」

無關年齡，一般來說健康的人走路步伐大概都跟肩寬差不多。但是，隨著體力健康衰退，步伐也會越來越小，走路速度也會變慢。只要看過年長者走路的樣子，大家應該都會發現吧。也就是說，步伐大小可以作為判斷當事者是否健康的標準。

只要步伐小於三十公分，就連要去廁所也很花時間；這時候也不需要寬敞的寢室了。更因為用不太到鞋子跟大衣，也很常出現搬家時只要兩個大紙箱就能打包完成的情況。若是要入住長照專用設施，等到身體衰退到這種情況後再入住也不遲。

岩城社長將安養院比喻成教育設施，雖說都是高齡者，但年齡還是有分的。比方說，六十歲與八十歲就差了二十歲，若是以年輕人的基準來看，就幾乎是幼稚園跟大學的差別。雖然每個人有所不同，但人只要越年長體力就會越來越接近嬰兒，在高齡者的世界裡，老人就是幼稚園的小孩。幼稚園的小孩用不了大學那麼寬闊的教室吧？高齡者設施也是相同，對走路步伐縮小的年長者來說，過大的生活空間反而不方便。

我參觀了某位入住者的房間，除了房間有化妝室以外，床舖旁邊也有放著簡單的隨身攜帶便器。其實，廁所的位置就位在年輕人走五、六步就能到達的地方。可是那位入住者不僅步伐縮小，就連走一步也得花上不少時間，實在忍不到廁所。再加上若是患有痴呆症的患者，也有可能發生沒在可見之處看到馬桶就無法順利抵達廁所的情況，於是也會另外準備隨身便器。

年輕又健康的人應該很難想像這種急迫的情況吧。有多少安養院經營者會知道，應該要注意入住者走到廁所的時間及步伐大小，而這件事也等於是保護年長者的尊嚴，若是判斷失誤，則會無法保持入住者的生活品質。大多數的安養院說明簡介或是網站等等，時常會看到「設身處地重視高齡者需要」這種宣傳詞，「設身處地」也就是對高齡者的狀況有著深刻又仔細的了解。其實，我也是第一次這麼具體地了解年長者步伐大小與時間所造成的移動限制。

另一方面，與幼稚園完全不同的就是大學，在約等於大學程度的安養院裡，有的會有泳池、網球場或是健身房，準備了能讓健康的年長者可以享受運動與娛樂的空間。在大學與幼稚園之間，也有著等同高中、國中、小學等級的安養院。他們各自都考慮到入住者的體力、進食、排泄、自理程度、移動、入浴等日常生活活動功能來建構設施或設備。

專欄

美國入住安養院的標準為「開車」？

在美國，入住安養院有個相當基礎的標準就是：若已經無法開車，就建議放棄自家，入住附有娛樂設施的安養院；若是無法打電話，就建議入住附有照護服務的安養院。

在法則2裡，我舉出可以以步伐大小與房間大小來做基準。但其實不僅這些問題，有時也會遇到讓人不得不開始意識到是否該入住安養院的時候吧。

無論怎麼說，要是精神、體力、認知衰退，家人也到了忍耐的極限後，才開始想住進安養院的話，很容易因此後悔。為了做出最好的選擇，就要先釐清入住的目的。在因為被需求所迫，不得不做出最壞的選擇之前，提早思考「要在什麼時候」、「想住進什麼設施」，應該才是為人生做出完美總結的決定。

法則3　若缺乏家人的理解或支援，也無法順利選擇安養院

時常遇到年長者自己相當積極想入住安養院，但家人卻遲遲不願意考慮的情況。有時是因為會有像是把父母趕出家而產生的罪惡感，或是在意親戚的觀感而猶豫，或是考慮到家人要去探望的方便度，雖然想讓年長家人住入離家較近的安養院，卻因為費用的問題而無法如願等等原因，身為後援的家人也有著各式各樣的困難。

「在親戚面前要是選擇太便宜的安養院實在很丟臉，為了顧面子而選了較貴

的安養院，結果是間惡質的安養院」、「因為在意父母給的遺產會減少，於是不顧父母的意願選了便宜的安養院」等等，根據入住者與家人的關係而影響了安養院的選擇，因此失敗的例子也很多。

讓我們站在入住者家人的立場，重新思考怎麼樣才是選擇優良安養院的方法吧。選擇安養院時，最重要的是什麼？是家人們的方便，還是即將入住者的安心、安全的生活？

就算安養院離家人所在的城鎮較遠，但我曾聽過選到優良安養院的人這麼說，「原本以為安養院完全沒有自由，周圍也都是需要重度照顧，無法聊天的人，肯定是個陰沉又寂寞的地方。不過住進來之後，我才發現原來這裡有趣又方便，早知道就早點住進來了。」若是如此，就必須先考慮入住者的個性、興趣、希望，尋找有良心的安養院。而且，也得思考等到父母住進安養院之後，家人們究竟能提供什麼樣的幫助。能不能提供資金援助，是否能時常去探望，或者是一年只能去兩次？入住者是否已經與家人好好商量討論過了？

選擇安養院時，家人也需要好好研究。必須仔細了解父母的想法，一起去參觀安養院，甚至一起跟著安養院的入住者吃飯、參加娛樂活動等等。另外，一起參加住宿體驗，或許也能發現父母的另一面。在經過這些體驗後，要是覺得「這間安養院不錯」，就算離家較遠，家人們也只要稍微努力點過去探望就好了。

我想，大部分的父母都不願意給孩子們添麻煩。大多選擇付費安養院的高齡者，幾乎只有一成的人需要孩子負擔費用。大多數的人都是連牌位跟葬禮費用都自己準備好了。所以，在運用資金時才需要更加慎重。對只有老人年金這筆收入的人來說，手上剩下的資金就等於一切，不浪費父母親任何一毛重要資金、成為與安養院交涉的橋樑、提供幫助等，都是身為子女的責任。

付費安養院一年會有一次或兩次，有的地方甚至每個月會有一次機會，會開設改善服務內容的懇親會接受入住者不滿、希望、客訴等等。這時候，安養院的經營者也會出席，若是方便，入住者的家人最好也能參加，替年老的父母說出較難啟齒的意見，不只是自己的父母，就連其他入住的長者也會因此感到開心。

當然，也有人是因為無法這麼仔細的協助，才會讓父母住進安養院。也有人是因為調職或是到海外工作，無法陪父母一起選擇安養院。這種時候，像我這種第三方就會負責協助。只是，正因為與父母分隔兩地，更必須選擇不讓家人之間的聯繫中斷，可以仔細了解父母狀況的安養院。另外，也得選擇遇到緊急情況時，就算是在大半夜也會主動聯絡的安養院。

身為子女，能為父母做些什麼？父母希望孩子能做些什麼？只要試著先預測看看，就能夠找到最適合的安養院。

法則4
「人與服務八十分，建築設備二十分」為判斷基準

絕不可以光憑建築物的好壞來決定安養院。判斷時應該重視「人與服務」。我將能夠評量安養院的大致基準統整於下頁圖表裡，每個項目也有相對的配分。只要看了，大家應該就能了解，在滿分一百分裡，建築物只占了五分。就算加入了設備、藝術品等也只有二十分。

那麼，其他八十分會是什麼？正是「人與服務」。安養院的經營者、安養院的院長、主導長照的領導者、工作人員共占了四十分，其他入住者的表情或動

參觀照護中心時應注意的要點

評量項目	要點	配分	
建築物	牢固、耐震、水害、傾斜、美觀	5	建築物、設備 20 分
設備	機能、安全、外觀、方便、維修	5	
裝潢	舒適、安心、風格、擺飾	5	
收納、清潔、維修	安全、清潔、位置、惜物	5	
門口、大廳的氣氛	熱鬧、溫暖、向心力、團體感	10	人、服務 80 分
工作人員的動作	積極、自主、保有初心、專業、技術	10	
院長	人品、率先示範、對上及對下的顧慮、指揮能力	10	
經營、管理公司	理念、展望、哲學、誠實、待遇、手段	10	
入住者的表情、活力	笑容、活力、對話、和氣藹藹、眼神	20	
工作人員的表情、動作	服裝、語氣、壓力、不安、不滿	20	

作，工作人員的表情或動作共占了四十分。

只要合計共有七十分的話，就是高水準的安養院。在我評量各安養院時，服務品質是否合乎費用，另外所在位置與清潔、餐點、娛樂是否充實等等，所有細項都一一確認之後，才會做出排行。

不過，容我一再重複，在評量安養院時，不應該被建築物或設備這種有實際型態的東西影響，應該要重視「人」的表情、想法以及動作。另外，上頁的表格是我在看過世界上包含日本共一千四百間安養院之後，認為應該要觀察的要點。也希望各位能夠作為選擇時的參考。

法則5 長照設施的責任、權限，經營公司占七成，設施現場占三成

在法則4裡我介紹了可以作為安養院評分標準的幾個選項。更提出了比起建築物，更應該重視人與服務。那麼，又是誰的方針能對應該加以重視的「人與服務」造成影響？是安養院現場的工作人員？安養院的院長？還是經營公司（經營者）呢？

下頁的表格是將法則4的評分項目拆分成更加詳細的三十小項，更將各項目

詳細的評量項目與確認要點

評量對象	確認要點
入住者、家人	表情、眼神、動作、希望，對參觀及娛樂活動的參加意願
工作人員（態度）	自然的笑容、招呼、動作、不滿、不安、壓力
工作人員（個性）	親切、細心、老實、誠實、積極度
負責人、院長	領先模範、領導能力、人格、展望
長照服務領導者	理念、感染力、包容力、展望、隨和度
經營公司	動機、財務健全、收益、工作人員的待遇
建築物	耐震度、強度、建築年數、避難路線、地理位置
設備、公用設備	個人能使用的面積、等級、設備
裝潢、擺飾	品味、等級、平衡、裝飾、鮮花
維修、收納、清潔	使用年數、整理、掃除、定期整修、味道、拖鞋
醫療照護	臨終照護、緩和治療、安寧病房
葬禮、守夜	葬禮、送別會、從玄關送別
遵守法令	是否有過對入住者身體拘束、個資處理、投訴等相關紀錄
經營懇談會	舉辦的頻率、出席率、紀錄公開
入住預付金、抵扣費用	初期抵扣費、保護、倍率、期間
入住金額、方案	年齡、照護程度、期間

評量對象	確認要點
緊急對應	逃生訓練、緊急儲備、人員配置、深夜凌晨的應對狀況
經營理念、方針	揭示、明示、滲透、實行度
入住者狀況	入住率、生存移居率、入住時的 ADL、需長照者人數
工作人員狀況	一年內的離職人數、比率、有執照者人數、年齡
九十天內短期解約特例	經營者提出的解約條件、一天所需費用
交通	火車、巴士、徒步、接送巴士、計程車
環境	散步路線、安靜、熱鬧、購物方便、文化、娛樂、公園
餐點（自備、外包）	氣氛、服務、酒精、桌巾、調味料
介紹、說明	介紹者是否為經營公司的業務還是照護中心管理人員
入住介紹者	本人、家人、仲介中心、醫院
是否經歷重大困難	是否遇到關於提高自信及向心力的困難
與地區關係	開設時是否有糾紛、緊急意外時的相互支援關係
總費用	與服務相符、便宜、適當、高價、超高價
參觀後的感覺	考慮入住、感覺到安心與信賴

裡需要注意的要點整合出來。根據這些評量項目，誰擁有最多的權限與責任呢？無論是從建築物等硬體設備，或是到服務、娛樂等軟體設備等，大多都是由經營者握有主導權。以我的經驗來大致判斷，安養院負責人或職員的責任不過只有三成，根本比不上經營公司的七成。一般來說，經營者都占有工作人員兩倍以上的權限與責任。

這也表示，經營者的理念、想法正是左右安養院好壞的關鍵。在各位分析資料、參觀安養院時，請在腦中記住經營公司七成，安養院現場只占三成這種權力比例。雖然現場工作人員的應對也很重要，但更應該重視的是經營者的態度。就算安養院合格，但若是對經營理念有所懷疑，那總有一天這種疑問也會反映在安養院本身。

我常說，在簽下契約前，應該盡量跟經營者見面，了解他們的長照理念、事業展望、經營哲學等。這正是因為我知道經營者的責任有多大。若是不太喜歡會談的人，就算只是閒聊十到十五分鐘也無所謂。光是這樣應該就能多少推敲出經營者的人格、為人、品行了。

法則6
以鳥眼、蟻眼、個人之眼來觀察

讀過法則4、5之後，各位是否注意到尋找優良的安養院時必須以不同視角來觀察？要分辨設施優良與否的技巧，就是在檢視安養院或公司時是否保持著最佳的視角。我稱這為鳥眼、蟻眼、個人之眼。

鳥眼

這是在檢視經營長照設施的公司、財團時必要的視角。要檢視經營公司是否值得信賴，就必須站在距離較遠的地方俯視全局。責任於誰，整體設施的方針又是按照誰的指示去調整，組織運作是否正常——要冷靜地看透這些要點，就必須請各位像鳥一樣來俯瞰整體。在法則5裡檢視經營公司的要點，若是以鳥眼的視角來觀察，就越容易看出優劣。

蟻眼

要檢視安養院現場時，必須要連微小的地方都不能錯過。特別是在參觀安養院時，還請各位想像自己有著螞蟻的視角。不只是視覺、聽覺，嗅覺等五感都要全體動員，仔細確認各種細節。在第14到35「參觀、體驗入住的法則」中，使用蟻眼應該能派上不少用場。

人眼

那麼，個人之眼會是什麼呢？這是指，比起眼睛去看，更應該出自本能地用「心」去感受。要評論經營公司的理念或經營者的哲學時，請重視個人的感覺、第六感、直覺。

依據這四十九個法則來選擇適合高齡者的長照設施時，若能使用這三種視角肯定會更有效果。

法則7

不要全盤接受廣告或仲介中心的情報

入住安養院也就代表當事人在為數眾多的高齡者設施裡，要挑選出自己在人生最後的時候安住的地方。一旦決定要挑選時，就會開始注意高齡者設施的廣告、宣傳。

首先，要請各位知道的是，不要受到廣告詞左右。「高齡者是國家的寶物、恩人」、「能讓今日的國家如此繁榮，都是多虧了現在被稱為高齡者的各位」等等，請注意這些過於誇張的美麗詞語，或是充滿了極端尊敬，充滿文學之美的廣告詞。在使用這些廣告詞的安養院之中，也有一些是只會做表面工夫的設施。會特意使用這些誇張廣告詞的安養院，看了之後反而會對其評價大打折扣，最好還是避免。

話雖如此，若是只有介紹費用、服務內容、建築物、設備，根本看不到長照理念的廣告，也無法成為判斷的基準。另外，也有很多安養院的廣告很難找到經營公司的名稱、地址、電話號碼、負責人的名字。

我想，現在應該有許多人都是利用網路來尋找安養院。於網路上搜尋情報時，請一定要到安養院自己開設的網站查看細節。有些地方政府的網頁也會有各安養院的重要事項說明書，也可以一併參考。

在網路上搜尋時，各位可能會對一大堆高齡者設施的仲介中心或仲介公司的網頁數量感到驚訝。從那些網頁可以詳細搜索地區、費用、入住時的身體狀況與其他細項，就能找到幾間符合理想的安養院。也會發現雖然有免付費電話號碼，卻沒有安養院地址或正常電話號碼的地方。

有時，那些電話號碼會接通到民間的仲介中心。這時可以進一步詢問細節，索取介紹小冊子，或是預約參觀安養院。只是，大多數的仲介中心都不會陪同一起去參觀安養院。即使如此，最後契約成立順利入住，大多數的安養院還是必須支付仲介費。雖然仲介費各有不同，但大多約為三個月份（一人）的入住費。在入住率較低的安養院，甚至會為了讓更多人入住而說「這個月介紹一個人我就會付八十到一百萬」，自願提高仲介費。

雖然這麼做不對，但這麼一來，仲介中心也會意圖將客戶優先介紹給出高價的安養院。若無法花時間仔細挑選，又不了解業界，輕易相信仲介中心的話，很有可能就會成為「冤大頭」。而且，也會出現仲介中心根本沒到安養院視察過就介紹客戶；相反的，也會出現安養院不願意讓仲介中心前往視察的情況。如果是後者，很可能會是安養院內部有什麼不方便被看到的狀況。這種狀況實在很難從外頭就一眼看出，這也是無法完全依靠仲介中心的理由。

若是有許多人排隊入住的人氣安養院，或者是有優良長照理念的安養院，或是以金字塔頂端為對象的高級安養院，反而都不會經由仲介中心，而是以自己開設的網頁或口耳相傳來募集入住者。

當然，這並不是說所有安養院都不好。只是想說明若是各位處於見一間看一間的情況下實在無法做出最佳選擇，或者是有可能會無法看穿安養院背後的問題。

CHECK

重要事項說明書

向剛入住者說明重要事項的資料。上頭會有建築物概要、房間數量、入住預付金、月費、入住狀況等細節。有些地方政府也會公開這些細節，也請一併參考。

法則8

負責人調動頻繁的安養院，入住者的滿意度也會降低

就算是一般公司、組織的正常人事異動，但若是一、兩年就會調動負責人的安養院，真的能讓人感到安心嗎？

應該有許多人為了「選擇值得信賴的安養院」而傾向尋找大公司經營的付費安養院吧？大公司的確資金無虞，比起小公司來說，確實是不太需要擔心倒閉問題。但實際入住之後，也無法保證大公司就能提供較為安心、滿足的服務。

若是安養院的經營者優先注重企業利益，也會較不注重關心入住者。就算

工作人員抱著「希望入住者們都能感到幸福」的念頭，但公司卻有可能要求他們「只負責長照保險會支付金額的服務，其他隨便就好」，有些更糟糕的安養院甚至會說「不准與入住者有非必要的交流」。若是受到上司如此指示，就算員工想努力也無法實行。

有些大公司經營的安養院頻繁調動負責人。像這種情況，院長能照自己計畫經營安養院的期間也會變短，若是遇到問題也很有可能被拖延。這簡直就像是日本近年的首相更替一樣。通常這種負責人的權限也很小，無法做出改革。就算收到入住者的抗議或是期望，也很有可能不會交接給下一位負責人處理。

就我個人來看，若是母公司總是調年輕人來擔任負責人，也必須多加考慮。在半數以上都是八十歲入住者的安養院裡，若是來了一位三十多歲的院長的話，對那些八十歲的人來說，三十歲的人就像是孫子一樣。講「美空雲雀」他們也不懂，看到年輕人敷衍地回話應該也不有趣吧。當年輕人聽到入住者說「差不多也要有人來迎接我了」，更是難以分辨那只是玩笑或者是打從心裡感到不安。對沒有同感的人實在很難說出真心話。這也是我認為，經營者不夠體貼入住者的表現。

我在美國參觀的安養院之中有著一條潛規則：安養院負責人最年輕只能跟入住者的兒女一樣，不能跟孫子一樣。美國安養院的歷史遠比日本要來得久，消費者也會更加重視是什麼人在經營安養院。安養院也相當了解這點。我從沒聽說過美國的安養院會讓無法傾聽入住者私人煩惱的年輕人去擔任院長。另外，美國的安養院長的另一個條件是要能說無特別口音的標準英語。因為美國的移民眾多，若是口音太重，八十歲以上的年長者則很難聽懂。

我希望日本的安養院能盡量讓負責人的年齡高於五十歲，並於同間安養院擔任三年以上的職務。

法則9
並不是費用高就等於服務好

就算安養院的收費高，也不等於服務品質好。

就以飯店來舉例吧，位於車站前的飯店與離車站步行十五分鐘的飯店，同是單人房一晚的房價也會差了一倍以上。安養院基本上也是一樣的情況，地理位置也會大幅影響費用。

根據我的調查，安養院一天的費用範圍從六千日幣到十萬日幣，有著九萬日幣左右的差距（包含將預付金攤成十年抵扣，餐費、水電費、長照保險、尿布等費用）。

不過，最貴的安養院與最便宜的安養院服務品質並不是單純有著九萬元程度的差距。若是單純考慮費用，很有可能會無法好好判斷最重要的服務內容。請比對安養院提供的服務與費用，仔細衡量收費是否恰當、正當、或是過於高昂。

相對的，就算收費低廉，或是位置不好，也不代表安養院的服務品質粗劣。地理位置不好的安養院通常有兩種情況。一種是為了讓入住者能夠盡量便宜地使用高品質的服務，因此選在房租便宜的地區開設。另一種是特意選在地理位置不好的地區，壓低成本，想盡量多賺一點的安養院。為了避免這種情況，可以使用法則14「三三九度方式」去參觀許多安養院，仔細判斷。「為了壓低金額而選在交通不便，但服務用心的安養院」，只要多去幾次就一定能判斷得出來。

雖然相當稀少，但也有地理位置優良，但憑藉著經營公司的努力而提供優良服務及照護服務，物美價廉的安養院。

法則10 了解符合自己需求與希望的安養院規模

我們可以大致從建築物或房間的大小來想像適合自己入住的安養院。

開始考慮離家入住安養院的情況，大致可分為兩種，一種是伴侶其中一位，或是兩位都想趁身體還健康時，擺脫家事或是住家的維護管理，悠閒度過老後生活。另一種則是，由於年老或是失智症而健康狀態惡化，逐漸無法於原本的家裡生活，才開始尋找安養院。

身體健康時就入住安養院的人，大多都不想降低生活水準，想住到跟目前房子、大小、等級都差不多的地方。要帶進安養院的家具、餐具、衣服也很多，收納空間大小也是相當重要的要素。除了餐廳、浴室以外，也會傾向選擇有寬敞共用空間的設施。

若是仍不需要專門照護的健康狀態時，入住有大量房間超過四十平方公尺的安養院也能好好享受多種設備、設施、娛樂、興趣。若是十年後、十五年後也能在同一設施內受到照護或臨終服務的安養院，通常會要求四千萬日幣的入住預付金，甚至也有看過超過五億日幣的案例。能開發管理這種安養院的公司也相當有限，除了在東京都圈內有四十幾間以外，也能在名古屋或是京阪神找到。

這種類型的安養院裡頭除了寢室外，還有室內泳池、麻將室、KTV等等娛樂，如飯店一樣寬廣的大廳也會擺設平台鋼琴，或是建築物有一半都是公用空間等，更會設置照護大樓或是照護寢室，一需要照護時就能搬過去接受照護服務。

若夫妻一起入住，但其中一位必須接受照護時，兩個人還是能夠繼續住在同一間安養院裡，可說是最大的優點吧。

不過，正因為這種安養院有點類似飯店，不會特別涉入太多，有些人或許也會感到有些寂寞。而且，設施的活動行程都是按照健康的人去安排，若是身體機能衰退，別說是享受了，就連想從寢室走到餐廳都很難如願。若是沒有照護大樓或寢室的安養院，也不得不考慮做更換，這也是其中潛藏的缺點。

另一方面，我想大部分的人都是在難以繼續於自家居住時，才會想住進安養院。通常這時候，入住者本人較難以自行選擇安養院，多以家族為中心來尋找。這種時候，就如我於法則2所談，必須依照入住者的步伐大小來選擇適合規模的安養院。不是說寢室越大就越好，有時過於寬敞反而會造成生活上的困難。

與大規模的安養院恰好成對比，小規模的安養院通常一踏入門口就是櫃台或辦公室，更沒有擺有沙發的大廳、能看報紙的休息空間，多數只有寢室、餐廳跟浴室。房間數量通常為二十間到四、五十間左右。主要的服務為照護或看護，其中更有需專門照護者專用的設施。

小規模的安養院裡頭，也有被稱為「Group Home」的痴呆症專用設施。這種設施的特徵是最多九人的入住者會形成一個團體，如家庭般一起生活，參加活動。

若是考慮入住大規模（入住者一百五十人以上）的安養院時，請確認若是需要照護時，每個人的隱私是否都有受到妥善的保護。小規模且只有一間餐廳的安養院，若是在人際關係出問題時就會無處可逃，必須好好確認與入住者是否合得來，或是院長的管理能力。關於這些細節，我會在其他的法則中仔細解說。

CHECK

入住預付金

像是房租的預付金，在入住時必須一次付清的費用。若是在完全抵扣的時間之前搬離照護中心，可以拿回部分金額。初期抵扣費的注意要點請見法則13。

法則11 一年是否有安排兩次健康檢查

兼顧長照機能的安養院不只會提供照護服務，更會注意與附近的診所、醫院合作管理入住者的健康。

就算安養院的廣告上寫著「有專屬合作醫院」、「與專屬醫院合作，更加安心」，也還是得多加注意。這是因為就算入住者生病了，醫院也不一定會優先讓他們看診，曾實際發生過有安養院直接將入住者推給其他醫院的案例。事實上，有許多安養院醫療的申訴都是因為安養院開了空頭支票，並未實際與醫院合作。

目前雖然政府有針對付費安養院的廣告進行規範，但請各位務必要確認安養院是否「確實簽訂醫療協助專屬合作書」。在合作書上必須寫出診療科目，以及具體的內容、費用。建議各位務必確認安養院是否有明載內容及費用。若有安養院在這時候不願意提供參考，那也不需要特地入住了。

這時候還有兩個重點。

「是否能夠緊急住院。」

「一年是否有安排兩次健康檢查。」

只要能辦到這兩點，基本上就可以安心了。根據厚生勞動省制定的收費安養院經營方針裡，要求安養院必須提供入住者一年兩次的健康檢查，並隨時注意入住者的健康狀態，在必要時候更需提供適當的醫療。

最近有些安養院附有診所，或者安養院的母公司就是開診所的，甚至還有安養院打出二十四小時看護的宣傳，或是將醫院改建成安養院等等。對有長期醫療需求的人來說，應該會覺得只要開一扇門就能到達醫院實在很令人放心吧。這類的安養院只要再確認上了救護車前往急救時，是否有固定合作的醫院與否，就可以安心入住了。

不過，重視醫療服務的安養院，大多價格也較為高昂。這是因為若沒有醫師全天照顧就無法生活的人為少數，大部分人就算生病也都是慢性病，照顧重點會放在該怎麼跟疾病長久和平相處。安養院正是為了這個目的而全面負責照顧入住者的健康，這麼一想，其實收費安養院就相當足以滿足需求了。除此之外，只要安養院有與能緊急優先看診的醫院合作就夠了。

「生活、照護、看護、偶爾才需要醫院。」用這種想法來選擇能安心入住的安養院應該才是最重要的。

法則 12 附屬照護服務的高齡者專屬住宅費用可能會提高

近年來增加了許多附有照護服務的高齡者專用住宅。這些被稱為「高服住」或「附照住宅」的設施究竟與付費安養院有什麼不同？

在日本，附有照護服務的收費安養院或住宅型付費安養院是由厚生勞動省管轄，附屬照護服務的高齡者專用住宅則是由國土交通省與厚生勞動省管轄。雖然日本的社會保險費、醫療費、長照保險需求不斷擴大，但厚生勞動省卻難以同意增設福利或照護設施。國家則為了普及附屬照護服務的高齡者專用住宅，提出補助建築費用、五年內稅務優待（包含固定資產費、契稅等）這類獎勵政策。正因如此，附屬照護服務的高齡者住宅的開發也隨之盛行。

附屬照護服務的高齡者住宅是依一定的基準來設計及建構無障礙空間，並提供安全確認及生活諮詢等服務的租賃住宅，一般來說會採用探訪長照服務。在使用外包長照服務這一點其實是與住宅型付費安養院一樣（與特定長照設施服務合作的附屬照護服務高齡者住宅，幾乎都會接受該設施內部職員的長照服務）。

至於符合長照保險給付對象的高齡者則是由長照類型來決定服務內容。一般會根據失能程度所給付的額度裡頭選擇需要的服務，並進行醫療給付（使用者實際負擔一成）。但若是使用規定外的服務，或是超出預定時數則無法使用長照保險，必須全額自行負擔，請多加注意。也因此，每月的支付費用很可能會比原先預測的還要高，請在入住前多多衡量計算自己需要的服務或月費。

另外，附有長照服務的付費安養院由於是政府指定的「特定設施」，入住者可以接受安養院所提供的長照服務。長照保險則是定額給付，只要是長照保險內包含的服務，無論使用多少次都不會有多餘的費用產生。

基本上，附有長照服務的高齡者住宅都必須由入住者各自與各間提供服務的公司簽訂契約。如租賃契約、與醫療機構的契約、娛樂契約、餐點、日照服務、復健等等，必須與數間公司締結合約。

我想，必須與這麼多的公司聯絡、協調、調整契約實在會讓入住者或家人感到麻煩。若是對簽訂契約感到困擾的人，可以確認是否有代理人或是仲介可以代為處理，這麼一來，入住者只需要一個手續就能順利入住。

另外，請一定要去現場確認建築物、設備，特別是用餐場所、外膳單位、菜色等等。另外，長照服務會如何確認入住者的身體狀況、次數、生活諮詢、與其他入住者間的交流等等，也最好事先了解。

附屬照護設施的高齡者專用住宅跟附有照護服務的付費安養院比起來，生活比較不受拘束。很適合希望自由生活，且有體力及精神的高齡者。跟入住時的費用比較起來，也可以輕鬆且較低價地解約，輕鬆搬家這點也是魅力之一。可以試著入住看看，若真的不適合自己在人生最後階段生活的話，也最好早點更換。

編註：台灣的長照設施，依服務模式不同分成不同的種類。二十四小時均有護理人員照顧的稱為「護理之家」、「長期照顧機構」；屬老人福利機構，收住生活自理不便、不帶有管路的老人家，稱為「養護機構」；收住日常生活能力尚可的設施則稱為「安養機構」。

法則13 了解業界慣例的「入住預付金初期抵扣」制度

在剛開始尋找安養院時，各位是否曾經對入住預付金[1]「初期抵扣」這個字眼感到疑問呢？在日本，「初期抵扣」是這個業界的慣例，雖然一般人不太了解，卻非常重要，很可能造成之後的困擾或麻煩。

1 類似台灣安養院等機構的「保證金」、「押金」。

入住預付金，是在入住安養院時必須預先支付的費用。預先支付大約等同入住期間的房租費用，若是中途離開則能拿回部分金額。所謂的「抵扣」則代表會由設施收下，不再償還給入住者的金錢。而「初期抵扣」則代表在入住的瞬間，就已經被納入安養院口袋的金錢。其中也有安養院的抵扣金額幾乎等同入住預付金的一半，是初期抵扣費率相當高的例子。

初期抵扣這個制度是因為在四十多年前沒有長照保險，更沒有地主願意租貸土地、建築物給安養院的時代，經營收費安養院的業者為了盡早回收高額的土地購入費用或是安養中心建築費用而產生的制度。當時大部分的安養院都是計算出六十歲或七十後半入住高齡者的平均壽命後，訂出數百萬至數千萬的入住預付金，進而制定「初期抵扣十五%，其他於剩下的十五年平均抵扣」。

但是，隨著不善經營的新業者，或是企圖多方經營卻失敗的業者一一出現，也產生了無法拿回入住預付金的糾紛。這是因為經營不善的業者將入住預付金移為他用。另外，也由於初期抵扣制度不斷產生糾紛，東京都「收費老人安養院設置經營指導方針」更認定入住預付金的初期抵扣制度並不適當。

那麼，怎麼樣的抵扣利率才是最恰當的？在日本長照保險制度正式開始之後所建設的安養院中，有九成都是長照專用。大多入住者也都是於八十歲之後才正式入住，初期抵扣率三十％以上，分期抵扣年分約三年，或是五到六年左右。這也都是根據八十歲以上入住者的調查結果而訂出來的規定。

當然，若是完全禁止入住預付金制度，那麼每個月的費用就會隨之高漲，對只有年金這份收入的高齡者來說應該會相當吃力。不過，入住者也可以想想現在是否還需要跟以前一樣付那麼高額的入住預付金。畢竟現在的長照設施經營已經相當穩定。地主為了有效活用土地、或是減低繼承稅，也會願意出租土地或建築物，經營安養院的初期投資已經降低了不少。

再看看目前安養院入住者的平均壽命，若真要收取初期預付金，也可以低利率、低額，並延長抵扣年數。實際上也有安養院是採用六十歲入住抵扣年數五十年，九十歲入住抵扣年數二十年的方式。這麼一來不僅入住者覺得合理、感到滿足，也能確保安養院的長期收入。

在選擇安養院時，不只是要確定抵扣率或抵扣年數是否以平均壽命為基準來制定，更要請安養院的人員仔細說明入住預付金的計算根據（細項費用）。除此之外，也必須確認若是長壽並活超過抵扣期間後，是否也能不支付追加費用繼續住至安享天年，或者是會被安養院要求搬離的情況。

法則14

讓參觀順利成功的「三三九度」方式

為了要在眾多安養院中找到最適合的，絕對有需要前往現場參觀。參觀的時候，我推薦用「三三九度」的方式。這是指「最少三間經營公司、三間安養院，找到心儀的中心時則要前往參觀三次。」

提這個雖然有些突兀，但各位知道蜜蜂的習性嗎？

蜜蜂們並不是隨便飛來飛去尋找自己喜歡的花朵採蜜。就算同是花蜜，但不同花的花蜜甜度各不相同。相思樹、蓮花、柳橙、三葉草等等，蜜蜂嘗試採過各種花後選定最甜的一種花蜜，才會開採帶回蜂窩，再依照身體沾上的花朵香味再次飛往同個方向尋找花蜜。蜜蜂就是用這樣的方式開採相同的蜜，經過多次嘗試才能採到更優質的花蜜。

美國也有人將高齡人士尋找安養院的行動稱為「Beehaive Behavior」。他們就跟蜜蜂找到理想的花朵後，會重複前往同株花採蜜一樣，只要找到心儀的安養院，也會前往參觀約十次左右。

就算第一次參觀時覺得喜歡，看到的也不過是安養院的其中一面。就算參觀時拿到收費表或是介紹手冊，也有許多人還是無法全盤相信而前往參觀好幾次。在這過程中，可以了解安養院的想法、提供什麼樣的餐點、裡面究竟住了什麼樣的人，從多方面得到情報後才做出最終決定。美國也有人花一年時間前往同一間安養院參觀評估。這是由於美國的消費者並沒有長照保險制度，於是在付錢做出決定時也相當謹慎，或許也因此比我們更加細心。

我也希望各位能用「三三九度」的方式仔細參觀安養院。找出各種類型的安養院，找出費用與服務都符合自己要求的。若是負責經營那間安養院的公司旗下還有其他安養院，就請去參觀「同公司相同等級的三間安養院」。這麼一來，就可了解這間公司究竟是什麼樣的一間公司，是否能夠信任。

接下來，也試著去參觀不同公司經營的安養院。若是那間公司也經營多家安養院，也試著參觀旗下三間同等級的安養院。這麼一來，就可以看到不同公司的想法差別。我想這麼一來可以讓大家親身了解「擁有長照理念的安養院服務品質越高」。

若是最後找到喜歡的安養院，也試著前往參觀三次。就像蜜蜂一樣，而這也是參觀的祕訣。畢竟是要決定人生最後的歸宿，並花費大量財產的大事，做到這麼謹慎絕對有利無害。

CHECK

參觀三次

找到心儀的照護中心後的三次參觀，建議最好是在「早、中、晚」的時間前往。請參考法則15。

專欄

以「自己也想入住！」的心情去評估

若是由入住者主導尋找安養院，那麼，家人是否理解預備入住長者的身體、心理狀態則是相當重要的關鍵。

就算家人們已經是會開始面對自己「年老事實」的五、六十歲了，卻也有很多人還無法了解父母們的心情。大部分的人幾乎都是第一次尋找安養院，或許更沒有機會跟父母聊「最終歸宿」這個話題。在開始參觀安養院，體驗入住之前，首先最重要的正是先深刻了解入住者究竟希望度過什麼樣的老年生活。請試著了解父母的心情，並站在父母的立場尋找安養院。

本書的書名也有著「想推薦給父母！自己也想入住」這標語。我想，各位應該都能透過尋找安養院的過程，開始思考自己老後的生活方式吧。若是能遇到「自己也想入住！」的安養院，那一定也是符合父母需求的安養院。

法則15
於「早中晚」前往心儀的安養院參觀

正如法則14談到的蜜蜂行動，找到心儀的安養院後，至少要參觀三次以上。時段我則是推薦分成「早上、中午、傍晚」前往參觀。

一般向安養院申請參觀時，都是在待客室看介紹手冊並接受簡單的說明，再到中心內稍微走一下就結束。若只是要了解安養院整體的氣氛、設備、味道、清潔程度等等，能否讓人感到舒服的話，這種參觀的確就可以了。可是，最重要的是「人」。今後要一起生活的入住者是怎麼樣的人，負責照顧的工作人員又是用什麼樣的態度對待入住者，絕不可以在不了解這些事情的情況下就倉促決定入住。為了要了解「人」，請試著體驗安養院的各種生活場面吧。

上午是個適合觀察安養院氣氛，與安養院的院長聊天溝通的好時段。也很適合觀察工作人員是否會對錯身而過的參觀者打招呼、建築物的採光好壞、廁所是否乾淨與否。

中午的重點則放在餐點上。可以在這時候仔細觀察入住者與工作人員的關係。若是可以，也請試著一起用餐。這麼一來，就可以將觀察時間拉長至三十到四十分鐘。這時要注意的是，入住者的表情、入住者們的對話內容、入住者與工作人員的互動。若是入住者面無表情，全都默默吃飯，或者大部分人都需要工作人員在一旁照顧才能進食，就表示入住者有很大部分都是失能程度較高，很有可能是常接收出院患者的安養院。

也請傾聽入住者們的對話，想像一下自己若是加入對話究竟會不會覺得有趣。雖然人的價值觀本來就各有不同，但若是跟價值觀相差太多的人聊天，一點都不有趣，老實說，只會讓自己更加疲勞。若聊天內容跟平常自己與朋友或家人差太多，最好也將這間安養院從候補名單中刪掉。還有，工作人員的態度究竟是「不甘不願」還是「心甘情願」，是否為一個指令一個動作，臉上是否帶有笑容等等，也都是相當重要的要點。就算要付五百至一千日幣的午餐費用，只要當成確認味道兼調查費，也就覺得很便宜了。

傍晚的安養院有著相當獨特的氣氛。平常住在自家時，通常傍晚這個時間都是收衣服、接孩子下課、買菜或日用品等等，有著許多充滿生活感的行動。或許是因為這些日常累積的記憶，通常只要到了傍晚，大家都會開始坐立不安了起來，也請試著感受這種特別的氣氛。

患有痴呆症或阿茲海默症的病人，部分到了傍晚便會開始躁動，甚至會開口說「今天我就先回去了」。由於通常是在傍晚才出現這種行動，於是也被稱為「日落症候群」。若工作人員在這種時候回答「你家就在這裡」之類的話，對已經搞不清楚自己身在何處而感到不安的病人來說，反而會造成反效果。這種壓力更有可能會讓症狀惡化。相對的，若是給予正面反應，或是回答「不過，在回家前先留下來吃晚餐吧」、「今天請住在這裡吧」等等，將病人的注意力轉向其他方向的安養院會比較好。根據怎麼處理這種狀況，就能知道工作人員是否有確實接受相關教育指導。

在早中晚不同時段前往參觀，才能看到安養院各種不同的面貌。像是看到入住者們幸福的表情而感到安心，看到工作人員配合每個入住者的狀況來照顧而受到感動等等。或許，分辨優良安養院的要點，就藏在這些小小的發現裡。

法則16

組織架構完整的安養院，會在鈴響四聲內接起電話

確認安養院品質的要點之一，就是針對電話的應對。這比起閱讀介紹手冊或網頁都還要有效。

安養院最好要在電話鈴響三次時，或是四次接起。我認為，最好不要入住鈴響超過五次還沒接起的安養院。

為了長照而在安養院裡四處忙碌奔走的人不可能還要負責接電話，於是在鈴響四聲接起電話應該是非常簡單的事。安養院平時除了參觀申請以外，應該還會

有入住者家人打來的電話、合作公司打來的電話等等。辦公室裡應該都要有人待機。若是讓電話響了五、六聲才接起來，卻連簡單的問題都無法回答，還花時間四處去找負責人員，這種應對則是扣分。雖說專業問題是另當別論，但全體工作人員應該都要能回答簡單的問題才對。通常應對較慢的安養院裡，負責回覆客戶問題的都只有業務或生活諮詢員、長照支援專員而已。

而回答「負責人員不在位置上，稍後再回電給您」的安養院也是半斤八兩。更糟的是，甚至有的安養院因為沒有負責人員，而乾脆不接電話。就算去參觀這種安養院，也很容易遇到無法提供滿意應對的情況。

另外，就算電話鈴響四聲內接起來，但要是遇到對話牛頭不對馬嘴的安養院也是個問題。

從過去參觀者的電話內容裡，應該可以找出最常被詢問的幾個要點。若是安養院可以將常見問題匯整成資料，並提供給工作人員的話，要回答問題應該也不會那麼困難才對。另外要注意的是，工作人員聲音是否開朗有精神。反過來說，只要做到這些，還在猶豫的人應該就會正式申請參觀才對。

員工教育做得好的安養院，工作人員也能根據客人的問題隨機應變。若是做得不夠徹底的安養院，只要遇到稍微超出「工作手冊」的問題，就無法順利回答。只要從電話的反應裡就可以知道對方是否照著工作手冊回覆。就算用字遣詞多仔細，要是聽到像速食店或家庭餐廳那種應答話術，心裡還是難免感到失望。

對方是否真心回覆，還是單純照著手冊回答，若是心中出現「這個人真的沒問題嗎？」的不安時，通常也會對整個安養院感到不安。

專欄

最高齡的工作人員竟然有八十四歲？

在東京都葛飾區有一間獨具一格的團體安養院。這種設施非常特別，裡頭還飼養了狗、貓、烏龜、倉鼠等動物，附近的小學生放學時也會順道過來遊玩。雖然這間安養院患有痴呆症的入住者較多，但每個人的表情都很開朗，看起來實在不像受這些疾病所苦的模樣。

工作人員的年齡也都較長，年紀最大的竟然有八十四歲！雖然裡頭也有許多約聘人員，但全體員工竟然有三成以上超過六十五歲。不過，對入住者來說這種情況有個最大的優點就是，與這些人溝通會比年輕員工容易。像是鄉下一般的熱鬧環境裡，更能建立起老實說出自己心情的良好關係。因為可以互相聊天，不僅安心，更能獲得滿足感。這間安養院可說是緊緊抓住了入住者的心。

或許也因為如此，更獲得了入住者家人們的信賴。一般來說，通常入住者超過五百名的安養院才會組織家人互助會。但這間公司旗下經營的安養院雖只有約四百名入住者，卻擁有家人互助會。

在這間公司所經營的不同安養院裡，也有設置員工專用的托嬰中心。年長的入住者也會為了去看看孩子而特地過去參觀，整間安養院也因此充滿了溫馨和諧的氣氛。在這背後，更反映了經營者「希望能成為入住者跟員工都能感到生活充滿目標的場所」這種理念。

法則17 若要尋找充滿居家氣氛的安養院，就要選能親自見到經營者或負責人的安養院

入住者所追求的，無疑就是「接下來的人生要住的居所究竟能跟自家氣氛有多相近」，或者是「舒適度是否超越自家」。符合這些條件的，正是真心的長照服務。

原本是受到「請當作在自己家一樣」這種宣傳吸引才入住，但實際上無論是餐點或生活習慣都大受限制。像是分明身體還很健康，卻連啤酒都不能喝，一點都不自由，非得避開這種情況不可。

美國有個黑色笑話：「沒人想去卻人滿為患的就是監獄跟安養院」。每天都得在規定時間吃飯、一週洗兩次澡、非得全員參加的娛樂活動……將這些飽受限制的生活規範拿出來一比，兩者的確非常相似。無論安養院有多麼高級豪華，但若是沒有貼心的服務，只有冷硬的規則，也只會讓人感到孤獨，這種安養院的確與監獄沒有兩樣。如果增加的不是這種如監獄般的安養院，而是「比自家更讓人安心，充滿自在悠閒享受的安養院」可以越來越多，那麼無論是在選擇安養院，或是高齡者的生活肯定都能比現在過得更加充實。

本書正是在告訴認真思考的安養院或經營者，「該怎麼做安養院才能比家裡舒服」的方法。我擔任理事長的一般法人「收費老人安養院入住支援中心」所推薦的安養院，大多都是由個人經營的充滿居家氣氛的設施。這是我親自與經營者見面，了解到他們有著真心想為入住者做事的覺悟後才會正式推薦。

在考慮是否入住時，「能否與經營者或負責人直接見面」也是個可供參考的條件。除了特別情況外，一次都沒能見到「名字簽在契約書上的本人」的安養院，最好還是不要入住。

我認為，經營者至少應該在簽下契約的那一天出席。當然，對大企業的經營者來說這比較困難。這種時候，至少要將照片跟名片交給現場負責人才能表現誠意。入住後三個月內的試用期間則要來親自向入住者打聲招呼。若是沒做到這些，應該也稱不上重視入住者的安養院吧。

CHECK

試用期

契約制定後，給予消費者一段冷靜仔細思考的期間，並可於一定期間內無條件解除契約的特別制度。收費老人照護中心的相關契約則認定試用期為三個月。

專欄

以性善論或性惡論來判斷

本書裡提供多種視角來分辨高齡者設施的好壞。關於分辨方法，也有著性惡論與性善論這兩種不同的觀點。那麼，在選擇安養院時，究竟該採用哪種理論呢？

入住安養院不只是代表接受長照服務，每天的日常生活也該受到重視，在連體力、精神、知性、理性全都衰退，只靠著本能行動的最後時刻也委託安養院照顧。既然是要做出這麼重要的決定，則不能使用「罪疑惟輕」原則，應該要抱持著「有疑問就放棄」的心態。

因此，尋找安養院時，應該以「性惡論」的立場，嚴格地挑選才對。

法則18
是否做到「貼心、不著痕跡、迅速」

以前我曾聽某間安養院的女性入住者說過一件事。她的女婿會負責接送她去醫院，而且一點都不會不耐煩。一聽到對方總是貼心地接下這個任務，我也不禁說：「那真是太好了，真是位很棒的女婿。」沒想到她又接著說：「不過，就只有一件事讓我覺得傷腦筋。」

「女婿他雖然總是說：『下次再跟我說，我會請假過來這邊接送媽去醫院的。』其實，他這麼說讓我覺得很有壓力。若是可以，我希望他不要讓我主動要求他『過來接送』。比方說，要是他可以先開口問我說：『媽，明天要去醫院對吧？』那我心情也會輕鬆不少……」

雖然對方特地請假來陪自己的確很讓人開心。但正因為如此，才會覺得麻煩對方很不好意思。實在很難開口——也是會有這種想法存在。

老年人其實不太會抱怨。住在安養院的高齡者們，除了特殊狀況以外，實在不會對來探望自己的孩子們說「在這裡實在很難過」或是「遇到討厭的事」等等。有許多高齡者認為不抱怨是種美德，這實在也很有東方人的風格。但反過來說，能夠察覺高齡者這種心情，並不經意又迅速地對應，也是負責他們人生最後時刻的安養院的責任。

照護的基本是要「貼心、不著痕跡、迅速」地察覺長者心情與狀況。我認為，這也是提供給高齡者服務時該注意的最高守則。需要高度察言觀色的技巧。比方說，在安養院的全體入住者都參加的活動結束時，有工作人員大聲問道：「大家今天玩得開心嗎？」又不是在跟幼稚園小孩說話，把高齡者當成小孩子對待實在太不貼心，令人不禁失望。

而且，要是問了「玩得開心嗎？」高齡者們也不會表現出負面的反應。就算覺得無聊，或許也會考慮到「畢竟他們那麼認真準備了」而笑著拍手也說不定。即使如此，工作人員也不能產生「大家都玩得很開心！」這種錯誤想法。全員都得參加娛樂活動，對無法開口拒絕的入住者來說實在非常痛苦。對這種情況，也請在用「三三九度」參觀或試住時親自觀察看看。各位應該能夠發現各安養院的職員反應也有相當大的差距。

經營者或是負責人應該要能察覺高齡者的心情，並小心注意別讓入住者產生多餘煩惱。比方說，某間安養院幾乎沒有舉辦娛樂活動。這是因為他們的入住者多有個人興趣，也非常注重私人時間。安養院的經營者也了解這點，並特意什麼都不做。不舉辦娛樂活動或是全體參加的活動。雖然有時也會大家一起搭巴士到附近的圖書館或百貨公司，但也都是以個人自由活動為基礎。「貼心、不著痕跡、迅速」正是能做出成熟應對的安養院基本。

CHECK

「三三九度」

我提倡在參觀照護中心時必須採用的方式。請參考法則14。

法則19

安養院裡的「味道」是偷工減料的證據

各位是不是覺得安養院多少有點味道是無可避免的呢？其實，對入住者不夠關心的安養院才會如此。

就算外觀看來美觀乾淨，但就只有味道無法蒙混過去。在入住者照顧上會偷工減料的安養院，只要一踏進建築物就會聞到味道。這是因為他們對公用樓層或房間特別的味道撒手不管。只要多參觀幾間安養院，各位應該也可以很清楚感受到我所說的意思。若是聞到難以言喻的味道時，最好就避開這間安養院。

味道的原因多出於「老人臭」及「阿摩尼亞臭」。

會有老人臭可能是因為沒有好好通風，或是入浴不夠頻繁仔細，或都穿著一樣的睡衣生活。「阿摩尼亞臭」是因為排尿或是失禁沒有好好清潔處理。可能是沒有頻繁清潔無法自立排尿的入住者身上的尿袋；或是失禁之後沒有好好整理，換尿布的間隔時間太長等等。這些味道無法光靠通風、空氣清淨機或除臭機解決。最有效果的對策正是要立刻處理，只要這麼做，味道就不會殘留。但若是因為忙其他事而無法抽身，過了一段時間才處理的話，味道就容易殘留不去。而且，若是打算用消毒液或除臭劑蓋住味道，反而會讓味道變得更加複雜難聞。

就算沒在入口聞到不舒服的味道，也有可能在廁所聞到。若是會在意味道的安養院，應該也會頻繁清理容易產生味道的廁所。相反的，若是廁所臭、馬桶附近磁磚縫隙發霉，衛生紙用光了等等，分明知道來參觀的人一定會看到，卻還是隨意放任不管，這種安養院很有可能會在長照服務上偷工減料。

或許在那裡工作的員工會因為習慣，而不覺得味道有特別難聞，但來參觀的人怎麼樣都一定會聞到。反過來說，會小心不讓參觀者聞到怪味的安養院，很有可能在其他地方也一樣優秀。無論建築物是舊是新，只要一偷懶就肯定會產生味道。「一進到安養院先聞聞味道」，這也是分辨好安養院的要點。

專欄

喪儀會等到旅居海外的家人趕到

最近有越來越多旅居海外的人委託我替在日本的年邁父母尋找安養院。若長居海外，也很難前往安養院探望父母，就算父母身體不適，也無法立刻趕過去。

更大的問題是，入住安養院的父母過世後的喪禮事宜。也有人接到安養院通知父母過世的消息後無法立刻趕回國。就算無法在入殮前趕回來，但大部分人應該都會想在火葬之前見上最後一面吧。雖然我無法擔任房租等費用的連帶保證人，但曾受委託擔任緊急聯絡人負責迎接遺體，並在家人回國之前於死者的寢室裡守靈。從我這種緊急聯絡人的立場也能感受到安養院的好壞。

若是詢問我推薦的安養院關於臨終時候的問題，都會立刻回答「若是有需要，可以將安養院當成自家來使用」。將棺材放置在死者生前住的房間裡，工作人員也會手持念珠，等待家人來見最後一面。

只是，願意讓遺體繼續留在房間裡，等待家人迎接的安養院仍算相當少數。有些安養院也會要求臨終後必須在數小時後帶走遺體。雖曾聽說部分安養院會讓遺體暫時安置在禮儀社的靈堂裡，但就算只有幾天，我還是不忍心讓遺體孤零零地待在靈堂裡。

為遺體淨身化妝後更衣，讓過世的長者等待家人回國慢慢告別。能做出這般體貼作為的安養院，應該才值得被稱為「最終歸宿」吧。

法則20 剛成立的安養院服務難打包票

上次我拿到了一張傳單，上頭寫著：「○×中心新開幕！位於安靜的住宅區內，提供快樂生活的完美長照服務！」看來附近要成立一間新安養院。反正都得付錢了，與其選擇好幾個人住過的房間，不如去住新蓋好的安養院還比較舒服。你是不是有這種想法呢？

不過，我覺得考慮是否入住新安養院這件事，其實沒有什麼太大的意義。要評斷一間安養院，至少要等到有十到十五位高齡者入住半年左右再前往參觀才有意義。比方說，請各位想像一下下列情況。

兩個兒子說：「媽也年紀大了，搬過來跟我一起住吧？」長男工作順利，金錢無虞。家也是剛蓋好的新房，不僅寬敞房間也多，設計也很高級。另一方面，次男只是小公司的員工。住在老公寓裡過著小生活。

光聽到這些，應該會覺得去長男家住比較幸福吧？

可是，一去長男家裡住了之後，卻發現跟想像完全不同；看來溫柔的媳婦其實個性很差，孫子也很頑皮，生活一點也不開心，每天精神不斷耗損，已經快忍不下去了。一天，去了次男家之後，發現體貼的媳婦跟可愛的孫子都願意用心照顧自己。就算是狹窄的老公寓，無法過上太好的日子，但在這裡反而才能過得幸福又開心。總算發現不用委屈自己有多麼舒服了。

雖然全新的安養院看來的確很高級又乾淨。但沒有使用過的痕跡，也等於「看不見入住者的表情＝服務好壞不明」。一旦去參觀了，雖然不禁會受到豪華設備與設施吸引，但更重要的是服務內容與工作人員的人品。究竟是怎麼樣的人會來照顧自己？要是被個性頑劣、冷漠尖銳或是不親切的人照顧，人生後半場實在無法過得開心幸福。

所以，我才會認為「一間安養院要至少等到有十到十五位高齡者入住半年後，才有去參觀的意義」。

有些安養院在剛成立不久幾乎就被預約滿了，或許會有人擔心「這種安養院應該沒問題吧？要是不快點預約，進不去就糟了」。實在不用操這種心。一般來說，剛成立的安養院實在不可能會在一開始就客滿。就算客滿了，也很有可能是專門從綜合醫院收容剛出院患者的安養院，或是之前也曾提過的藉由支付「高額介紹費」硬是招攬住戶的安養院。

若是有良心的安養院，就算出現了一大堆預約，也不會在剛成立時就立刻接納所有入住申請者。這是因為，新成立的安養院了解，若是突然就住滿了人，服務可能會有所不足。無論是成績多好的安養院，在員工習慣之前也都會花上一段時間。

安養院總有一天會出現空房。一般來說，健康入住者在一年內過世比例正常來說是一成左右，需長照的入住者則為兩成。對經營者來說，不讓房間空太久更是一項重要功課。若是在這種時候，立刻宣傳「現在入住就有優惠」的安養院實在不算優質。在徵求新入住者時，好的安養院實在不需要靠宣傳或廣告。

優秀的經營管理能力正等於安養院的實力。有實力的安養院光靠口耳相傳或是評價就可以立刻找到新的入住者。只能靠過度宣傳或廣告才能找到入住者的安養院，也能說是實力不足。

CHECK

高額介紹費

入住率低的安養院為了招攬到更多的客戶，會提供仲介中心比平常更高的抽成或費用。（法則7）

法則21

與社區有互動才是好的安養院

考慮入住的安養院是否受到附近社區居民的歡迎與支持，也是很重要的要點。最好的分辨方法就是，詢問安養院是否「有與社區一起舉辦避難演習？」等，可以了解他們是否有與社區一起進行活動。只要社區居民會來安養院參觀或用餐等交流活動就沒問題了。

為什麼安養院會被社區喜歡或討厭呢？

其實有很多小事都會影響，像是開幕前是否有向區長（社區委員等）打招呼，有沒有定期支付管理費用，是否遵從地區的規則，是否有笑著與鄰居打招呼等等。若是沒做到這些，只要發生一點小事就會被冷言冷語，也可能因為安養院時常需要救護車出動，而被投訴「救護車的警鈴很吵」。

但就算關係一度惡劣，也有可能依靠安養院的努力重新和好。

某間安養院一開始與社區的關係相當惡劣，但當新的安養院負責人上任後，決定施行改革，便一間一間地到附近鄰居家中拜訪，拉近關係。不久後，也會開口招呼鄰居「要不要來喝茶呢？」，於是附近的高齡者們都會過來玩，等到那些高齡者失能程度越來越嚴重，也就這樣入住進了安養院。這間安養院，應該原本就相當照顧高齡者，可能一開始有什麼誤會吧。現在終於與社區打成一片，入住率也幾乎都是客滿的程度。

若是在地區深耕的安養院，也常會與附近的國高中進行交流，學生志工會定期來拜訪，一起唱歌或摺紙等等。光是看到高齡者們與年輕人交流的情景，就讓人感到內心充滿了溫暖。

法則22 參觀時也得在安養院以外收集情報

我在參觀安養院時，一定也會到安養院附近走一走，因為很有可能可以發現新的情報。

一次，我照著平常的習慣在安養院附近散步時，附近的主婦突然跟我搭話。「你是安養院的人嗎？」當我回答：「不是，請問怎麼會這麼問呢？」後，那位主婦就說了：「之前有人在這裡吸菸，聽說是安養院的員工。剛剛誤會你真是不好意思。」畢竟亂丟菸蒂也是引起火災的原因之一，這當然可以單純說是那位員工的道德問題，但也能說是安養院的員工教育問題。

前往區域內長期經營的酒商詢問也是個好辦法。若是平常就會送貨到安養院，應該也會多少了解安養院的狀況。若是對方積極給予安養院好評價，那當然沒有問題；但若是不講，甚至是說壞話，那最好就要多謹慎評估。

若是從車站搭計程車前往，也有可能從司機口中聽到一些風評。我有時候也會去派出所詢問。在問路的同時，順便搭話問道：「高齡者有時候也會迷路徘徊，應該很辛苦吧？」就可以從對方的回答獲得一些情報。

若是有提供交通車的安養院，也可以試著跟司機聊天。平常不會抱怨的入住者，也有可能對司機抱怨。若是剛好遇到入住者，也可以開口詢問：「這間安養院怎麼樣呢？」也有可能聽到：「雖然是間很不錯的安養院，但就是餐點……」這種回答。

有很多重要的細節都沒寫在介紹手冊上，為了要了解這些細節，只能靠自己探訪，仔細觀察並用心聆聽。我認為只要在附近逛一圈看看，就可以比聽舌燦蓮花的業務說明，更了解安養院的本質。

法則23

可以看出服務程度的「偷懶」行為

安養院內部原本就該徹底打掃，保持清潔。若是在踏入門口的一瞬間就覺得「好髒」、「好臭」時，就算立刻將那間安養院排除在名單之外也沒問題。

清潔的基本就要從「整理」開始，若是地板上散落一大堆東西，吸塵器也派不上用場。必須確認安養院在可見範圍是否整頓得妥當乾淨。一眼看起來打掃得很乾淨，但最容易找到偷懶痕跡的就是安養院的招牌。若是看到看板生鏽，我難免就會產生「這裡的照護不夠細心」的想法。

像這種安養院，上面寫有「仍有房間」、「招募入住者」的布條通常也會有破洞或是褪色。畢竟玄關是決定第一印象的地方，就算建築物內部有多麼乾淨也還是不夠完美。可惜的是，在我的經驗裡，那些不夠注重玄關的安養院，通常品質也都差強人意。若是你住在這種公寓裡，應該也不想被人看到你進出那棟公寓的樣子吧？

另外，逃生階梯的扶手生鏽，或是將枯死的植物放著不管的安養院也是一樣。相反的，優秀的安養院就連這些地方也都會仔細關照。我曾經到過一間非常優秀的安養院，那時我不禁開口詢問負責人有關掃除的祕訣後，對方回答：「要是放著第一個垃圾不管，就會出現第二個、第三個、第四個，就這樣越來越多。就算不是清潔人員，我們的員工只要一看到垃圾就一定要撿起來。」

不僅負責的人做好分內的事，其他人也主動做正確的事。我不禁認為，能被全體員工都有著這種想法的安養院服務，實在是件非常幸福的事。

法則24 建築設備與生活方式不符也無法快樂生活

日本安養院的問題之一，正是建築物的設計非常隨便。時常可以看到不上不下的西洋風格或是半吊子的日式風格。也可以看到過於豪華的部分跟簡單到無趣的部分同時出現在同一間安養院裡；這對我來說，實在是太不協調了。

安養院對入住者來說是個「最終歸宿」，應該沒有人會想要花了不少錢，卻住進比自家還簡陋的地方吧。

有間安養院的餐廳挑高七公尺，上頭還吊著鐵製的吊燈，下頭坐在餐桌前的高齡者們，則是全都低著頭吃飯。這說法或許很失禮，但我甚至也產生了那些高齡者是被豪華的裝潢壓迫，不禁縮小身子生活的印象。

這種毫無溫暖的室內設計，實在很難讓人在裡頭度過穩重悠閒的生活。日本原本就充滿了許多使用量產型建材的無機質住宅，歐美甚至還會揶揄這是「塑膠屋」。

這是我的見解，但在設計上是否都是以男性觀點來思考呢？一般來說，入住安養院的女性要來得較多，工作人員也是女性的比率較高。若是能以女性觀點設計出兼顧實用及外觀的設計，就能不只有方便，整體的品味也能比現在高上許多。在參觀的時候，也可以注意安養院是否使用了女性喜歡的顏色、能感到溫暖的建材、家具的高低等等細微的顧慮。

法則25

空調風口是否直接對著床鋪

每次我看到將床鋪擺置於冷氣機下方的安養院，都難免有些擔心。請確認風口吹出的風，是否會直接吹向身體。若是空調的風直接吹向人體，不只皮膚會乾燥，喉嚨的黏膜也會變乾、容易感冒，或是睡覺時體溫下降，四肢無力感到沉重等等。我不會讓年邁的雙親入住這種安養院，當然自己也不會想進去。遇到這種情況，安養院絕不能用房間窄小作為藉口，若真是如此，可說是比門外漢還不如。更可以直說，設計者根本缺乏「如果是自己父母要入住的話……」這種貼心想法。

到了現在，我還是會看到高齡者容易夾到手指的對開式衣櫃、力氣衰弱的高齡者無法自行打開的廁所門、沒有扶手的廁所等這類毫不重視使用者的房間。人越是年長，背脊就越容易彎曲，身高也會縮小。家具也都得要選擇較低的設計。

但是我卻時常看到安養院的床鋪位置高到不適合高齡者；或是沙發的高度過高，甚至過度柔軟；書架釘在根本搆不到的位置等等完全無視入住者身體狀況，只注重整體設計平衡的家具擺設。對參觀的人來說，這種安養院或許看來時尚美觀，但對入住者來說卻是非常難用，這也讓人難以感受到經營者的用心。

有很多安養院的洗手台鏡子是能打開作為收納的設計，但高齡者的皮膚很脆弱，只要稍微碰到尖角就很容易出血。不僅是洗手台，尖角本來就很容易讓人受傷，請用照顧幼兒的感覺來確認，若是不小心撞到會不會痛，是否有容易受傷的危險。

直接在堅硬的水泥上鋪地毯的安養院也是門外漢。若是不小心摔倒或是跪了下來，高齡者也很容易就此骨折。

有些安養院的玄關直接通往房間，除了餐廳與浴室以外就沒有其他公用設施。這種安養院的入住者多為需要專門照護的高齡者，但若是寢室窄小，來探視的家人也很容易因此感到疲勞。大廳至少要擺張沙發，不然家人實在很難長時間留在裡頭。若是乘坐輪椅的高齡者，必須確認安養院裡頭包含走廊的所有公用空間，至少都要有能讓輪椅迴轉，或是兩台輪椅可以會車的寬度；是否能自己關上廁所門（拉門比較方便輪椅開關）；洗手台跟鏡子的高度是否適合等等。

相反的，經驗豐富的安養院在所有必須的地方都會設置把手，覺得有危險的地方也會包上保護套。整體的設計都不是為了在意外發生之後方便處理，而是要先預測入住者的行動，做好萬全準備。

比方說房間的廁所門，有些安養院也會特地設置了兩扇門或是做成能從兩側隨意開啟的特殊設計，這麼一來，無論是身體左側或是右側麻痺的人都能順利開關。另外，浴室也是做成相同的特別設計。若少了這些設計，不僅高齡者辛苦，就連照顧的人也很辛苦。說到底，只要站在弱者的立場多加用心，這麼一來，安養院整體都會變得更加舒適。

像是空調或床鋪位置，甚至是地板的硬度等等，這都是不去參觀就無法了解的細節。若是安養院忽略了這些細節，也可說是經驗不夠。只要試著詢問：「這間房間是設計給什麼樣的人使用的呢？」就可以了解安養院的等級了。

法則26

從娛樂活動的行程表也能看出安養院的價值觀

私立安養院對娛樂活動有幾種不同的見解。高級安養院多認為「我們這裡的入住者大多知道怎麼自己度過時間，所以盡量不多管閒事」；但也有些安養院認為「有許多入住者不知道該怎麼度過時間，安養院必須提供協助」。

但有些安養院的娛樂活動，像是大家一起帶動跳這類的幼稚活動，實在讓人不禁懷疑「這樣真的好嗎？」。許多日本安養院所舉辦的娛樂活動內容，雖然女性入住者會勉強配合，但男性入住者則會直接不屑一顧。

當然，無論安養院多麼努力，還是會有三成的入住者不願意配合。無論在哪裡都會發生這種情況，而安養院也大多不會勉強入住者參加。

北歐的安養院幾乎都沒有娛樂活動。這是因為，入住者沒有這種要求。他們反而會說「我知道要怎麼度過這些時間，不用管我」、「希望不要多加干涉」。也有很多人是帶有特定目的而入住，像是「我要整理自己收集的郵票」或是「寫小說」等等。

在日本較為高價的安養院也可以看到相同的情況。日本時常會以北歐的福利設施作為範本，從這一點看來，高級安養院會學習高福利國家，理解「使用者的個人意願及嗜好」，並加以融入安養院的服務裡。

既然這種尊重個人自由判斷的安養院還不夠多，那麼首先從研究娛樂活動行程表，了解安養院究竟在做些什麼活動，就顯得非常重要。只要詢問「請問平常的娛樂活動都在做些什麼呢？全部的人都要參加嗎？」安養院通常都會回答：

「要不要來參觀看看呢？」看過之後，可以再仔細想想這些活動到底適不適合自己，或是也可以一起參加看看。也必須確認若是遇到不想參加的娛樂活動時，是不是可以毫無心理負擔地輕鬆拒絕。

另外要注意的是，有些安養院會舉辦強制收費的娛樂活動。甚至租借運動場或是競技場地來舉辦。不過，強制參加是不是做得太過火了？

的確，有些高齡者年過七十仍然可以跑完半馬。雖然聽到這種事時，我心裡有些羨慕，但安養院的責任就只是要注意入住者的健康，讓入住者能夠安心地保有自我風格活到最後。我常說「多病卻健康」，就算身上有多種慢性病，只要聰明且有技巧地多加注意，就能舒適地生活。

說到底，要參加什麼樣的活動，本來就該依照入住者的心情來決定。比方說，曾經擔任大企業高官的人，與商店街蔬菜店老闆聆聽同一場演講，就算其中一方覺得有趣，另一方或許會覺得一點也不有趣。安養院必須相當了解每位入住者，並以最大平均值來計畫活動。特別是入住者獨立且健康的安養院更是難以拿捏。

不過，各安養院在娛樂活動上也是相當用心。不僅各有特色，有些安養院還會培育娛樂遊戲的指導專家，或是嘗試在娛樂中加入鍛鍊頭腦的特別活動。

若只是照顧進食、排泄、入浴的話，就跟醫院一樣了。能將玩樂轉化成復健的娛樂活動對入住者來說也有相當大的意義。此外，照顧到高齡者對興趣的需求，也可以鍛鍊對人類來說最為重要的五感，防止衰退，更能讓他們保持生活的樂趣。

只要在參觀時提出要求，應該就能看到娛樂活動的行程及內容；請藉此機會確認這間安養院是否與自己價值觀相同。

專欄

最受歡迎的娛樂活動就是「外出」

一位娛樂活動的專家曾經詢問入住者們喜歡什麼樣的活動，第一名是「外出」；第二名則是與外出有著類似關聯的「外食、購物」；第三名則是「KTV、音樂鑑賞」。

若是要外出，就必須支出許多人力，也因此有許多安養院不願意納入娛樂活動中。不過，也有些安養院只要提出申請並付費，就可以讓職員帶入住者出去「掃墓」。高齡者大多都會希望能夠好好照顧墳墓，不過卻由於腳力衰退，無法隨意外出，但也不好意思拜託家人。在這種時候，只要安養院願意帶著入住者前往掃墓並一起幫忙，這麼一來入住者就能守住對過世家人的責任，心裡也會輕鬆不少。

通常安養院在一年三百六十五天裡，會安排上午兩種，下午兩種娛樂活動，其中也會有家人能一起參與的活動。我也建議各位多加確認安養院的活動是否符合自己的喜歡或水準，或者是否能替自己量身訂做娛樂活動。

法則27
偶爾吃泡麵並非偷懶

在安養院的生活裡，有個世界共通的客訴正是「餐點」。每個人對食材的好惡、鹹淡等等的要求不同，要提供讓所有人都認為美味的餐點實在非常困難。評價會如此參差不齊也是沒辦法的事。即使如此，在入住時有兩點需要特別注意。一個是「是否於安養院中烹調」，另一個則是「是否提供家常菜」。

便宜的安養院常會使用冷凍食品，或是聘用外燴公司。當然，這並沒有什麼不對。現在外燴的餐點味道已經改善了不少，比以前好吃了許多。但是，怎麼樣還是比不上剛煮好的飯菜。最近有些無法負擔廚師費用，或者是大企業經營的安養院都會使用外燴或是中央廚房。不過，通常後者都是為了減低經費並提高利益。若是安養院使用外燴，請仔細確認口味是否合乎自己的喜好。

另一方面，自己烹調餐點的安養院也可以依照他們的餐點是做成「餐廳風」或是「家常菜風」來判斷。餐廳風雖然聽起來很高級，但就算是再高級的餐廳料理，每天吃還是會膩。就像是人出國時會想念家鄉料理一樣，最後還是會想吃一些「家常菜」。安養院有沒有注意到這種細節，也是非常重要的要點。

就算是有著「一流餐廳的前大廚」的安養院，只要偶爾能吃到特殊料理就夠了吧。一個月就算吃一次泡麵也沒問題；雖然有些人會覺得吃泡麵是種偷懶的行為，但大家有時候也會想吃這種垃圾食物吧?在那些入住費破億的安養院裡的確是沒聽過會提供泡麵，但在庶民風格的安養院裡，泡麵反而是大受好評的餐點。

有些安養院也會請附近的家庭主婦來製作餐點。畢竟身為主婦，最擅長的就是家常菜了。不僅會熱心地輪流來製作餐點，更能與入住者聊天談笑。再加上她們相當了解附近的商店，更能獲得「這間蔬菜店比較便宜」、「這間麵包店很好吃」等等情報。不只能照顧入住者的健康，也能促進與地區居民的交流，更能節省經費；可說是一箭雙鵰，甚至三鵰的選擇。

專欄

日本也有！重視防災的安養院

現在的安養院為了防止不知何時會到來的意外災害，都會備齊基本的防災工具。在我以前訪問瑞士安養院時，甚至還前往參觀中心附設的防核避難所，裡頭還有能夠生活數月無虞的食物及水。瑞士由於過去受到列強包圍而貧困，或受到周遭國家政權交替時引起的變動影響，而必須自己保護自己，並打造出能收容多人的防核避難所。

雖然還不到這種程度，但日本也有準備了充足食糧與飲用水的安養院。一般安養院裡，光是準備入住者跟員工的份就很吃力了。但卻有好幾間安養院甚至還會幫居住在一公里內的高齡者們做好準備。對獨居的高齡者來說，除了自家以外，還有個可以避難的地方實在是相當令人放心。事前做好在發生意外時能夠互相扶持的準備，也可以加強與地區的關係。

此外，還有間安養院為了要對應緊急狀況，會特別僱用居住在離中心徒步三十分鐘範圍內的員工。就算是大地震讓電梯因停電無法動彈，必須讓高齡者走樓梯下來避難時，也可以靠安養院的人力多幫助一些高齡者。雖然不會寫在說明手冊上，但願意在看不見的地方做出這些努力的安養院，正是我想推薦給各位的。

法則28 餐廳不用大，最好有兩間以上

用餐時間有多長或是餐廳的大小也是考慮的重點，也別忽略有關飲酒相關的規定。

只有非常少數的安養院餐廳座位會多於入住者人數，大多都是跟入住者人數差不多剛好，或是更少。餐廳狹小，甚至得分兩次用餐的安養院根本無法讓人悠閒享受用餐時間。而且，這麼一來入住者也無法交流談天。

在餐廳狹小的安養院裡，每個人的位置幾乎都是固定位置。剛入住的人根本沒得選擇，甚至還有可能根據一開始的位置而被迫加入安養院的派系裡。若是相處融洽，自然是最好，但有時反而也會讓人際關係因此產生嫌隙。

每次看到這種安養院，我都會希望至少能有兩間餐廳。若是有兩間餐廳，也不用跟關係尷尬的人打照面；若是無法，至少希望可以分開在不同時間進餐。否則人際關係一產生問題，實在是無處可逃。

若是以專業照護服務為主的安養院，入住者們基本上沒有聊天的機會。或許有人也會認為，只要職員與入住者能相處得愉快就沒問題。但是，若是在身體還算硬朗時，「人際關係是否受到正常程度的控管」、「要是產生問題時，是否有地方可以喘氣」等問題可說是影響是否能愉快生活的要點。而且，這些問題只要安養院負責人願意用心思考，都有方法可以解決。

關於這點，美國的安養院幾乎都有兩間餐廳；通常一間會是較為正式的餐廳，另一間則是悠閒的咖啡簡餐。甚至還有安養院就像飯店一樣，規定要進設施內的正式餐廳時必須穿上正裝；若是想要輕鬆解決的時候，也可以在咖啡廳裡吃三明治配咖啡。用日本的餐點來說，就是想吃飯糰或茶泡飯時就去咖啡廳的感覺。在正式餐廳裡，一頓飯就算花上兩小時慢慢享受也是理所當然。先享受餐前酒，再開始用餐搭配紅酒，悠悠閒閒地談天說地直到夜深。

相較之下，日本的狀況實在令人難過。甚至還有安養院規定一吃飽飯就得回房，更盡量縮短用餐時間，減少工作人員的工作時間，這麼一來，就可以降低人事費用。但看到這種情況，應該有其他人跟我一樣覺得相當無趣。

能在餐廳裡喝酒的安養院不多。入住者多為健康狀態良好者的安養院通常可以飲用啤酒、日本酒、紅酒等各種酒類，但若是以專業照護服務為主的中心就都不能飲用。這是因為入住者中有些人雖然喜歡喝酒，卻因為醫生下令禁止而無法飲用，為了以示公平進而全面禁止。若是身體健康與需要照護服務的入住者共同居住的安養院，有時也會因為「喝多會造成他人困擾」這原因而限制入住者飲酒。

這些安養院會規定入住者在「用餐結束後，回自己房間喝酒」。可是打著「安養院就是你家」這種宣傳詞，卻不讓入住者在餐廳喝酒，是不是有點不夠貼心呢？對喜歡喝酒的人來說，酒就是要跟餐點一起享用。先撇開飲酒過度這種個人問題不說，剝奪這種個人自由實在不太恰當。

我推薦各位在參觀安養院時，仔細觀察入住者用餐時是否開心。

法則29　是否用心打造出能美味進食的用餐環境

人活在世上，希望吃到「更好吃的東西」可說是理所當然的欲望。雖然營養管理也很重要，但也不能輕忽是否吃得美味及享受。說得極端一點，一定也會有人心想「我都活到這年紀了，實在想要只吃自己喜歡的食物，喝喜歡的飲料後再死」。因此，在入住之前必須了解安養院是否能理解這種想法。更得了解自己是否能夠居住在全照規定提供飲食的安養院，就連鹽只能吃幾公克、為了防止食物中毒而不能在夏天吃生魚片等都會受到嚴格規定。

以前我在參觀某間高級安養院時，發現餐廳的桌子竟然連一張桌巾都沒有，不禁開口詢問「為什麼沒有桌巾？」結果，發現是「拄拐杖或是坐輪椅的人容易勾到或是手滑，為了避免這種危險我們就不用桌巾了」，這種想法我認為實在太過膚淺了。

若是桌巾會滑造成危險，那只要在桌巾下面鋪上止滑墊或是做好其他防滑處理就好。那間安養院的餐廳明明主打高級感，甚至還有專屬的酒窖，就算鋪兩層桌巾都不為過。高級安養院卻連一張桌巾都沒有，真是超乎了我的想像。

就算沒有桌巾，但只要鋪上餐墊就能大大改變餐廳的氣氛。即便如此，擺有餐墊跟筷架的安養院實在很少。理由則是「很麻煩」、「提高成本」；甚至有的安養院會直接將醬油、鹽等調味料就一直擺在餐桌上。

另外，使用幼兒常用的塑膠餐具及杯子也相當令人在意。的確失能程度高的人會逐漸喪失握力，使用陶瓷或玻璃製的餐具確實會有危險，因此我並不是認為塑膠餐具就完全不好。但要是在健康入住者占多數的安養院裡，就因為收拾起來比較方便而使用學校用的分格餐盤的話，實在讓人失望。在自己家裡難道會使用塑膠或是不鏽鋼餐具嗎？

有的安養院為了防止入住者吃得滿身都是，還讓他們戴上幼稚園小孩用的圍兜。但也有些安養院改用餐廳使用的白色餐巾，不僅能達到目的，更營造出用餐氣氛。

請站在入住者的心情想一想。該怎麼做才能讓入住者在一天內最期待的用餐時間獲得滿足？重要的是餐點要看起來好吃，再搭配乾淨又好用的餐具，這對外國的照護可說是相當基本的服務。若是能夠配合季節換上花朵、畫或是照片，甚至主廚也可以寫上「滿懷真心為各位烹調了〇〇產的〇〇」，應該都能稍微改變氣氛。畢竟吃飯時的氣氛相當重要。

我想強調的是，「是否站在入住者心情思考」。美味的餐點以及營造出令人一看就感到療癒的氣氛，若是這平衡有所崩壞，入住者看到的一切也會跟著改變。只要認真思考這點，互相腦力激盪討論，一定會有許多嶄新的發想。

法則30

會詢問「是否放棄急救」的安養院是可以信任的

或許有人心想「一入住就在問跟死相關的話題……」，但對安養院來說，迎接高齡者入住也代表了要對他們人生最後的時刻負起責任。越是有這種覺悟的安養院，在剛入住或是入住後不久就會詢問本人在意識不清或有生命危險時，究竟有什麼要求，希望安養院能怎麼做，急救要做到什麼程度之後，再統整成文件。

要是人到了再也無法以口進食的時候，突然被問「要插鼻胃管嗎？」應該也很難立刻回覆。無論當事者或是家人應該都難免會猶疑，若當事者還患有失智症，那家人就會更加難以判斷。與其在當下立刻要求做出決定，不如事前先給予充分的時間讓他們仔細考慮。

醫生總是會以不讓患者死亡為優先，可能會說出「不插鼻胃管的話就只能再活一個月」的建議。但也有讓家人插上鼻胃管的人事後說了：「那時候真是對媽太過分了。」，或許插了鼻胃管就能將一個月的生命延長成三年，但是，從插入鼻胃管那天開始到死亡為止，當事者就只能一天三次，從鼻胃管直接注入人工營養素而已。而且有的地方還會直接把那些營養素收在床底的紙箱裡。畢竟還是有人會後悔不已，認為當初應該要讓高齡者帶著尊嚴迎接死亡才是較好的選擇。

不只是鼻胃管，點滴、氣管切開、人工呼吸器、人工透析等治療方式也都一樣。當然，每個人的想法都各不相同，但至少在入住的時候就先將當事人對急救的想法好好整理，才是比較聰明的作法。我可以肯定，會詢問入住者是否「放棄急救」的安養院值得信賴。只要安養院有這層準備，到時候也會做好心理上的準備。而且在緊要關頭時，安養院也能藉此明示本人意願，更能成為醫療設施與家屬間的橋樑。

為了不讓自己及家人感到後悔，我認為最好先準備好「最後筆記」，好好說明自己在生死關頭時有什麼要求。家人們也不應該一直將「死亡」當成禁忌，請以入住安養院當作直視「死亡」的契機，好好與家人討論。

CHECK

鼻胃管

經由鼻孔、咽喉、放到胃裡的透明塑膠管，用來灌入食物或營養劑。

專欄

六十五歲之後開始寫最後筆記

我都會推薦六十五歲以上的諮詢者開始書寫「最後筆記」。

所謂的「最後筆記」是高齡者未雨綢繆，預想自己人生最後的階段可能會發生的事，將自己的希望與意願事先書寫紀錄的筆記。雖然沒有法律效力，但卻可以比遺言更直接地傳達本人的心情，可以當成寫給家人的信來看待。

寫進「最後筆記」的內容有：病危時是否接受急救、需要專門照護服務時的希望、財產相關備忘、希望邀請來參加葬禮的朋友清單、對家人的感謝等等。讓自己在喪失判斷能力或溝通能力時，也能表達意見，不會讓家人難以做出決斷。

關於過敏或是長期看診的就醫相關的要項則紀錄在另一本筆記裡，若是遇到必須被救護車送往醫院急救的狀況時，就可以參考。

趁著六十五到七十歲，精神與體力充沛的時候書寫，也可以一邊整理自己的心情，減少對未來的不安。若是等到判斷能力衰弱時再寫就太遲了。

將人生至今一路背負的行李解開放下，也是相當重要的大事。最後筆記的內容若有需要，也可以隨時修改更新。

法則31
其他入住者的生活方式也很重要

是否能在安養院住得舒適開心，會根據「至今自己所處的社會是由什麼樣的人所構成」而產生大幅影響。為了更方便各位了解，我就先暫分為「都市」與「鄉村」這兩種生活方式。若你一直以來都是居住在都市的人，通常都會比較重視個人隱私，也盡量不會去干涉他人的生活；可能也對安養院安排好的娛樂活動不感興趣。這種人若是住進了總是熱熱鬧鬧，無論是心房或是寢室都是隨時開放的鄉村風格的安養院，無論品質再好，肯定也不會覺得舒服。

相對的，若你是屬於「鄉村型」的人，卻跟總是分開各自做自己事情，非必要不會有所接觸的人住在一起，一定會覺得自己來錯了地方。就像是因為父母調職而不得不從鄉下搬到都市，跟新同學都無話可談的轉學生。

就算是大眾評價很好的安養院，或是親朋好友推薦的安養院，也不一定會符合自己的需求。即使服務內容跟費用沒問題，但也會因為安養院本身的氣氛而讓原本應該快樂享受的人生後半變得毫無滋味。

有時候會有人因為「老了想在鄉下悠閒過日」，而住進跟自己平常生活毫無相干的安養院，但要是獨自入住生活環境完全不同的地方，也一定會產生疏離感。就算工作人員有多麼親切，心裡難免還是會有著空虛感。

可惜的是，人越老越不懂得變通，想法也容易鑽牛角尖。雖然在選擇安養院時，很容易會只注意服務及價格，但其實也要注意心儀的安養院是否符合自己至今的生活方式及風格。

雖然又是外國的案例，但美國有不少安養院對入住者有著相當明確的要求。日本的安養院多是被入住者選擇的，而美國有許多安養院則會反過來選擇入住者。有間安養院只要接到參觀申請，負責人便一定會與參觀者一起用餐；從用餐禮儀或對話內容來判斷是否適合入住。

日本的安養院沒有這種風氣，只要付錢就歡迎入住。不過，也因此讓生活方式跟想法都天差地別的人全聚在一起，不只是入住者住起來不舒服，人際關係也有可能因此產生問題；很有可能會造成安養院極大的困擾。即便我在這裡大聲疾呼也沒什麼用，最重要的是選擇的人必須要仔細觀察分辨。

這並不是什麼難事。首先在參觀的時候，直接詢問「請問這裡什麼樣的人比較多呢？」；再來，只要透過用餐或娛樂活動實際感受安養院的氣氛，就會找到答案了。就像在選擇自己喜歡的咖啡廳或酒吧一樣，用心感受究竟適不適合自己吧。

從這方面來看，體驗入住也是個重要的環節。可以從與入住者聊天內容裡深入探討這間安養院究竟跟自己合不合、入住者跟自己是否有共通的興趣、生活品質是否相近等等。

法則32
是否真心對待每一位入住者

在我推薦的安養院裡，有間安養院的服務細心到甚至會讓人不禁驚訝「真的會做到這種程度嗎」？

在固有的照護行程外，他們會每天記錄入住者的生活紀錄。像是：早上味噌湯沒喝完、下午的娛樂活動過得很開心等等，無論什麼小事都會一一記錄，再交接給下一位負責人。在這間安養院裡，每一位入住者都有固定負責的職員。當然會因為排班而有三到四個人輪流，但基本上就是「這個人就是負責A小姐」。除了主要的負責員工以外，還會有副負責人，在負責人休息時負責代理工作。

這也就是所謂的「Person in charge」（負責人制度）。正因為日常都是由固定的人負責，無論家人什麼時候來探望，都可以一一報告入住者的生活細項。不止是照護相關，就連生活所示、休閒興趣都可以了解。若是安養院願意做到這地步，就算是忙碌難以來探望的家人也會放心不少吧。

不過，這種安養院並不多。普通的安養院光是要在工作時間內完成長照保險給付的服務項目就已經相當吃力了。就算打著「貼近每一位入住者」這種宣傳口號，但真的能做到的安養院實在很少。不過，會主動增加服務的安養院，不僅員工教育齊全，也會認為細心、貼心、專注並提高入住者滿意度是屬於安養院應該的責任。

最能決定安養院好壞的或許正是員工究竟是照本宣科在執行照護服務，還是自己用心積極照護入住者。

法則33 入住者主動讓人參觀房間就是加分

工作人員時常主動叫入住者的名字打招呼，或是入住者會和工作人員打招呼，正代表工作人員與入住者之間建立起了一對一的交流關係，更是優良安養院的證據。

有時，入住者也會主動讓人參觀自己的房間。沒有空房的時候，卻還是願意讓人參觀自己的房間；這也是代表入住者相當信賴這間安養院。

若是信任關係淡薄的安養院則不會如此。或許該說，拒絕向參觀者公開自己的隱私才是最一般的反應。但信賴關係深厚的安養院裡，「就讓他們參觀我的房間吧！」入住者反而會如此主動幫忙。

這是因為對入住者們來說，那間安養院已經變成了舒適又重要的「家」了。甚至還會有熱心的入住者會主動關掉不用的燈，幫忙省電。正因為他們認為這裡是寄託了自己人生最後階段的安養院，這麼做也是理所當然。

若是關係已經如此深厚了，安養院跟入住者們也幾乎成了同一個群體。只要在參觀的時候能聽到入住者主動說：「這裡很棒喔！」我心中的評價也會跟著大幅上升。於此同時，我也能深刻感受到正是因為經營者很重視員工，他們才能對入住者如此親切。就算是一般公司，大家也都常說「要是員工不開心，客戶也不會開心」，私人安養院也是一樣的情況。

對參觀者來說，能親眼看到使用中的房間也很有參考價值。這麼一來不僅容易想像自己在這裡生活的樣子，也可以了解大概能放多少東西，自己可能會放些什麼等等。也是可以聽到入住者分享居住感覺，或是房間究竟方不方便的大好機會。

法則34 藉由入住體驗感受安養院的人際關係

時常聽到有人說「在入住安養院之後，因為裡頭的人際關係傷透了腦筋。」比方說，「剛入住時由於不安，不小心就很依賴一開始來跟自己打招呼的人；但沒想到一變熟後，才發現對方非常雞婆，還會擅自跑來房間裡，不禁覺得受到壓迫，根本沒有自己的空間。」類似這種在入住之後卻由於人際關係出問題而後悔的例子可說是層出不窮。

為了防範這種經驗，我的建議是：「在入住後一年內的時間裡，最好都不要讓任何人進到房間來」，為了分辨出真的能夠長久相處的人，最好保持恰當的距離，不著痕跡地保護自己。

人際關係只要一出現裂痕就相當棘手。若是在有一百位以上入住者的大型安養院，還可以盡量不在餐廳碰面；但若是只有三十人左右的小型安養院，就得每天看到對方；這麼一來，兩方都會相當尷尬。實際上，也曾經有比較纖細敏感的人因此離開安養院。

雖然這麼說對女性相當失禮，但在我的想法裡，女性比男性更容易產生派系。強勢的人不管走到哪裡總是帶著一群人，若是不加入派系就會被排擠；聽起來雖然是小孩之間的霸凌，但這種事的確在安養院裡發生過。若是入住者之間產生了上下關係，就會持續一輩子；對被霸凌的人來說，更是難以忍受。

較常聽到的是，有位入住者在娛樂活動的時間負責當老師，在那之後卻出現了非稱那位入住者為老師不可的氣氛，最後卻讓整體安養院的人際關係都變得相當奇怪。就安養院來說，應該是沒考慮太多就請入住者當老師，不過卻也因為這種缺乏考慮的行動反而造成了更大的問題。

我還聽說甚至還發生過，男性依照過去的職業或職位來決定餐廳裡的座位。就算是每個人都聽說過的企業前任社長坐在最好的位置，若是之後又入住了更著名企業的前任董事長，就得默默讓出位置……這副景象，簡直就像是猴子搶奪王位的權力鬥爭。

更曾聽過原本穩重內向的男性在入住一年之後，突然變成了「暴君」。那位男性竟然突然抓住女性入住者大罵：「這裡不是妳這種人該來的地方！」，他平時與職員說話時就像在跟幫傭講話一樣，態度囂張地不斷命令別人；到了現在，還是有這種男尊女卑想法的人存在。安養院不只有人格優秀的人，更有只有歲數增長內在仍不成熟的人存在。

這時候最需要的正是經營者或是安養院負責人的力量了。若是人際關係發生問題時，該介入到什麼程度，是否能夠完美落幕等等。不過，有些安養院也會告誡工作人員「不要介入入住者之間的問題」。

雖然我在這裡寫道：「在簽約之前，最好先體驗入住看看。」其實，體驗入住不只是觀察入住者的人際關係，也必須觀察安養院的態度。就算覺得「這間安養院雖小，但很有家的感覺」，也很有可能遇到出乎意料的陷阱。請千萬不要只看表面來決定。若是可以，也請觀察若是在人際關係出現問題時，是否有地方可躲，以及工作人員願不願意協助處理。

法則 35 體驗入住只有「兩天一夜」實在不夠

若是打算在身體健康時就入住安養院，等到選定了幾間入選名單之後，請一定要體驗入住看看。我推薦最好能住一週，但也可以一次三到四晚，一共住兩次。

若只是一到兩晚，還會被當成「客人」對待；但若是到了三或四晚，其他入住者也會發現這個人是真的在考慮要不要入住這間安養院；「你想住這間安養院嗎？要不要一起入住？」這麼一來，也終於能夠聽到入住者的真心話。

若是有良心的安養院，通常會答應讓人試住兩週左右。在這兩週的時間，幾乎都能體驗到安養院所舉辦的娛樂活動，職員的班表也應該輪過一次，應該可以了解安養院大概的樣子。

有些安養院還能試住到一個月；甚至還有相當少見，相當有良心的安養院認為「可以試住一年，喜歡的話再簽約。」雖然說入住後有三個月的試住期，但光這點時間實在還不夠完整評估。對想要考慮周全再入住的人來說，這種作法實在非常貼心。

體驗入住是可以看到安養院「夜晚」模樣的大好機會。可以知道入住者們在用餐後會有什麼舉動，是會立刻回到自己房間，還是會聚在一起談天說地。另外，也可以了解在大家入睡之後是否有噪音、怒罵聲、哀號聲等等。若是曾在其他安養院受過虐待，轉至新安養院的人可能會因為仍處於不安恐懼之中，而四處徘徊、或是大聲叫喚。期間若是發現在意的事，也可以試著問問看其他的入住者。

到了晚上員工也會變少，應該可看到安養院真正的模樣。有些打著二十四小時全天照護的中心，晚上也會只用打工人員或是警衛來湊人頭，發生緊急狀況時根本沒有人可以處理判斷。夜間照護服務、看護體制、人員分配、是哪種員工負責照顧入住者、警衛的水準等等，有許多必須要注意的要點。

也請親自確認未來將成為生活中心的餐廳，究竟是不是能讓人感到放鬆的地方。如前面所說，我認為最少要有兩間餐廳才算合格。不只是人際關係出問題時有處可躲，像是能夠自己正常進食的人若是跟需要專門照顧、容易噎到、吃得滿身都是的人等這些明顯與自己健康狀況不同的人一起用餐，實在會忍不住感到消沉失意。

會吃得滿身都是的人應該也不想被他人看到。考慮到入住者未來身體狀態也有可能惡化到那種程度，最好還是將需要特別照護跟不需要的人分在不同餐廳用餐。在外國也有特別配合入住者身體狀態而設計不同入口的安養院，這麼一來兩邊就不會特別打到照面。雖然日本目前還沒有，但還是值得期待未來可以出現這種貼心的安養院。

雖然已經說了好幾次，但我還是要再次建議各位最好能在體驗入住的時間跟安養院負責人見面聊天。

CHECK

要有兩間餐廳

關於餐廳的論點整理於法則28。

法則36 無法從契約書看出安養院的好壞

在諮詢者的常見問題裡，有著這麼一項：「請告訴我該怎麼樣才能發現入住契約書的陷阱。」從結論來說，若是必須仔細研究契約書的安養院，最好從一開始就不要考慮。

惡劣的經營者會在契約書裡埋下對入住者不利的陷阱；而且，不懂法律的一般人很難看出問題。若非專門處理安養院糾紛的律師，實在很難分辨。所以說，與其努力研讀契約書，不如從經營者的想法、人品、經營公司的整體素質來判斷好壞，這樣比較能夠選到理想的安養院。

說穿了，惡劣的經營者總是非常狡猾聰明，就算真的在契約書上找到了陷阱，並成功要求對方「請改成這樣，否則我不簽約」；但若之後又發生了其他問題，又非得再次與對方爭鬥不可。無論要拖多久，對方總是充滿了鬥志；但我們卻已經精疲力盡，也很有可能已經沒有足夠的錢可以繼續了。

就算在入住時殷勤地說：「我們會負起責任照顧〇〇小姐一輩子。」但若是追求利益，有如老狐狸一般狡猾的安養院，絕對不會留下對自己不利的證據。這麼一來，無論怎麼樣都打不贏對方。甚至還有人為了要回一百萬，卻花費九十萬打了兩年官司，撐到最後只獲得了和解處置，大部分的人都只能哭著吞下來。

Don't think, feel.（別用頭腦思考，用心感覺。）這是電影《龍爭虎鬥》裡李小龍的經典台詞，有時比起用頭腦拚命思考，反而用心感覺才是最重要的。別想太多，請先相信自己的感覺。在這之後，再仔細研讀契約書也不遲。

法則 37 從職員的離職狀況分辨中心是否重視入住者

在選擇安養院時，「工作人員是否充滿精神」也是很重要的判斷要素。

安養院究竟能多麼重視入住者，最終都是得看經營者或是安養院負責人的想法。由於安養院的主要收入都是從長照保險而來，會優先執行長照保險有支付的服務也是理所當然。因此，「做多了也不會賺錢，實在不想做」也是真心話。提供越多服務，就越花功夫與人手，當然也會增加成本。

安養院究竟是盡可能減少長照保險不支付的服務，還是就算不賺錢，但只要入住者能開心就會去做。老實說，這種想法的差異很有可能成為決定安養院的關鍵。

最好判斷的就是工作人員的離職率。從我的經驗來看，越是只完成長照保險支付服務的安養院，離職率也會越高。原因正是之所以從事看護這種工作的人，很多人都是原本就喜歡照顧老年人。但若是上頭要求「別多管閒事，只做長照保險有支付的服務就好」、「別裝成好人多做額外的服務」，無論是多麼有幹勁的人也會逐漸喪失工作的熱情。

另外，要是職員流動率高，負責照顧的人也會一個換過一個，入住者更無法接受令人滿意的服務。更會讓安養院的經營產生某種程度的問題。

某間安養院的工作人員們會互相贈送「感謝卡」，養成彼此互相稱讚日常小事的習慣。這也能說是展現了安養院的理念及方針。收到多少感謝卡並不會影響個人獎金，但開始贈送感謝卡的習慣之後，有更多職員對照護的工作感到驕傲及責任、職場變得開朗、工作人員之間的合作也變得更加順利。雖然是題外話，但這間安養院的經營者在七百位工作人員的生日時，會親自寫生日卡片，並附上小禮物。

在參觀的時候，別忘了詢問「工作人員的流動率高嗎？」這樣也能看到安養院的實際情況。若是可以，也可以試著詢問工作人員離職的原因，畢竟也會有因為結婚或生產這種喜事而離職的例子。

CHECK

重要事項說明書（再次提醒）

向剛入住者說明重要事項的資料。上頭會有建築物概要、房間數量、入住預付金、月費、入住狀況等細節。有些地方政府也會公開這些細節，也請一併參考。

有些中心不會公開員工的流動率，這種時候，可以在重要事項說明書等文件上從工作人員的工作年數來確認。比方說，從成立時期開始算起，應該有可能可以看到已經在這裡任職二十五年的資深人員，但卻只看到只工作二到三年的職員，若是如此，難免會對安養院對員工的待遇心生懷疑。

法則38 可以安心相信九十歲以上入住者比例高的安養院

自從我發現優良的安養院裡，九十歲以上的入住者總是很多這一點之後，便會開口詢問安養院「九十歲的入住者有幾位呢？」

當我將安養院評估結果列出來後，發現入住者有三成超過九十歲的安養院評價分數都很高。這代表即使入住者過了九十歲，需要提供更多不同的專門照護服務後，安養院也不會強迫對方離開，反而會好好照顧到最後。若是九十歲以上的入住者超過五成的安養院，那更是不用多問，可以直接給予優良評價了。

九十歲以上的入住者相當稀少的安養院，有些在簽約時雖然說著「會照顧您到最後」，但一等到入住預付金的抵扣期限五到七年滿了之後，發現入住者需要專門照護服務，就會明示又暗示地要求入住者離開。

有些附有專門照護服務的安養院，若是知道入住者需要插鼻胃管等醫療行為，或是要吸痰後，就會要求入住者離開。雖然「安養院不能行使醫療行為」的確是事實，但還是有些安養院會以此為藉口表示「我們這裡已經無法照顧您了」，要求已經抵扣完預付金的入住者離開。分明付了那麼高的入住費用，就是為了要在失能後也能接受照護，卻被安養院委婉地要求離開，心裡實在難免會覺得被騙了。

一般人很難分辨出惡劣的安養院，與其識破惡劣的安養院，不如去尋找更好的安養院。因此，「九十歲以上入住者比例高」這點可以作為簡單的分辨方式。試著問問看，「請問九十歲或是九十五歲以上的人有幾位呢？」，只要高齡者越多，就越能證明這是「能讓人安心的安養院」。不過，剛成立的安養院不適用這條法則。請以已經成立五到七年以上的安養院來判斷。另外，這是以位於都市的安養院所導出的法則，鄉村可能會有些不同。

法則39

有糾紛不代表就是不好的安養院

無論是哪間安養院，只要有糾紛就很有可能被入住者投訴。像是在房間跌倒而骨折；工作人員未能充分輔助，因此滑倒受傷；搞錯要的東西種類；或是一時不注意就讓失智症的患者跑了出去等等……

要是在網路看到「聽說那間安養院有人意外死掉」這種評論，印象應該也會因此變差。不過，就算安全體制做得多麼周全，也很難保證絕對不會發生意外，畢竟只要是出自人的行為就沒有百分之百的保證。

更應該要注意的是，為什麼會演變為訴訟，是否原本就對在安養院的待遇或處理感到不滿與否？還是在發生意外時，安養院的回應相當惡劣，因此讓人憤而提起訴訟？有很多例子都是因為安養院的問題對應而演變為對簿公堂的局面。

就算是因為安養院的疏忽而過世，若平常都是萬分仔細照顧入住者，遺族也有可能放棄提訴，並接受這個結果。另外，就算是安養院被告，對方也有可能是被稱呼為「怪獸家人」這類總是莫名其妙投訴的人，這種時候，反而會同情安養院。

在相信那些惡劣傳言之前，最好還是跟負責人直接詢問有關危機處理相關的問題。

我也曾經從安養院負責人那裡聽到一個相當辛苦的例子，某位時常會徘徊遊走的入住者跑出安養院，工作人員與警察找了一整晚還是找不到人，隔天卻發現對方已經變成一具冰冷的遺體了。另外比較常見的則是不小心給錯了藥，入住者因此被救護車送往醫院診治的情況。

但若是安養院負責人絕口不提任何糾紛，反而更加可疑。的確，第一次參觀時大多不會提到糾紛問題，但若已經去參觀了二、三次，甚至體驗入住過後，對方應該也會心生信任而願意回答。「雖然發生過意外，但多虧大家幫忙才能平安落幕。」只要能直接聽到這種回覆，也能安心不少。重要的是，發生意外時安養院跟入住者的關係到底是好還是壞。

當然，就算安養院都是用相同態度來服務所有入住者，但也無法讓所有人滿意。就連我評價為A等級的安養院負責人都會說，「無論我們再怎麼努力也只能讓九十五％的人滿意，無法讓剩下五％的人也滿意。」我想，的確正如他所說的沒錯。

最重要的是在入住前必須要有能跟負責人對話的時間。首先，先確認對方（預計建立信任關係的對手）正是自己面談的人，之後再找空檔詢問「有沒有發生過什麼辛苦的事呢？」，這麼做並不是想聽安養院的缺點或失誤。但應該能從他們說的話裡聽到對入住者的誠意或是對於長照的理念才對。

專欄

如何分辨適合照護的人

「個性溫柔、貼心、誠實。」

能夠充滿活力在長照這個領域工作的人，通常都有這些特徵。最需要的是不會特別找藉口逃避，總是誠實且迅速的應對，並懂得隨機應變的人才。一進入長照這個領域，就會發現時常會遇到難以預測，且無法用基本規範來處理的狀況；更有許多必須自己判斷，主動執行的場面。

美國有些安養院在錄取員工後，會讓他們前來實習一天。在這時候，指導員會在中途故意將實習員工置之不理，暗地裡偷偷觀察他們的反應；這稱為「影子實習」。藉此機會觀察實習人員在被入住者拜託各種問題時，究竟會如何應對；面對乘坐輪椅的高齡者時會不會蹲下身，傾聽他們的問題，並自己試圖解決；還是只是說著「不好意思」、「我不知道」然後忙著去找其他人幫忙；甚至更誇張的，是否會當作沒有聽到？據說他們都會以影子實習作為最終決定是否正式錄用的根據。

最後，只要之後再去詢問入住者，若是可以得到「那個人真的很貼心聰明喔」的回覆，那就確定合格了。

在長照中心裡，時常會出現在無人注意的時候，入住者跟職員一對一相處的情況。這種時候，人都會露出本性。若表現出的是重視高齡者的心情，那當然無妨；但若是會用尖銳的語氣回覆需要照護的高齡者，那就非常不適合照護這份工作。

在我的想法裡，就算看起來多麼認真誠實，但若本人不是在受疼愛的環境下成長的人，很有可能不擅長表現出對他人的友善。反過來說，就算是染髮戴著假睫毛這種不受長輩歡迎的打扮，也有許多誠實且貼心的人。

在美國一間安養院裡，我曾聽過這種事：只僱用「長男、長女、老么」擔任需住在中心裡的經紀人。這是因為長男、長女因為是第一個孩子、孫子，所以受到父母和兩邊祖父母的疼愛，因此擅長與高齡者溝通。另外，老么大多都會受到所有人疼愛，有很高比例擅長聽人說話。不知道各位身邊的人是不是也有一樣的傾向呢？

法則40
安養院寄來的信也能讓家人安心

用心的安養院會要求負責的職員每個月寫信給入住者的家人，而且是手寫信。比方說，「上次跟令慈一起前往橫濱小旅行，久違外出也正好遇到了好天氣，推著輪椅繞著港見丘公園，近距離看著海港的風情享受了悠閒的散步。加上正好是櫻花盛開的時節，我們一邊賞櫻一邊吃著便當，令慈也露出非常開心的模樣。」

他們會將入住者的身體或行動上的變化、醫療方面的細項、在安養院的樣子、享受娛樂活動與否等等，連同照片一起向家人詳細報告。有時也會寫上對家人的要求，對於身處遠方難以時常前往探望的家人來說，這是唯一能確認年邁雙親情況的方法，會因此感到非常高興。

如果每個月可以收到這種信，而非是紀錄照護工作的業務報告，家屬們也能放下心裡的不安。特別是失能程度越來越高，或是失智症越來越嚴重後，也就更難從年邁父母口中聽到在安養院的生活情況。若在這種時候，工作人員可以幫忙關注並協助告知，那真是幫了家屬們一個大忙。

像是在海外工作，一年只能來探望一到兩次的家屬，要是連安養院的情報都被遮斷，根本無法得知發生了什麼事。雖然也有院報等工具可以作為安養院與家屬之間的聯絡方法，但怎麼說還是贏不了工作人員的信。這種安養院會相當受到家屬們的信賴，甚至還會有親子兩代或是姊妹一起入住的例子。

這也就是說，安養院的客戶不只是入住者。通常一提到安養院，大家都會認為與照護者之間的關係就是一切；其實不僅是入住者的滿足度，工作人員、家屬的滿足度也很重要。在要執行任何決定之前，若無法考慮到會對這三者產生什麼樣的影響，實在無法成為一間優秀的安養院。家屬的滿足度真的非常重要。

失能程度越是加重，經營方式也會變得更加重視家屬的要求。大部分的安養院在報告入住者的情況時，總是毫無感情地回報：沒有異狀、沒有變化。這樣根本與監獄的守衛沒有兩樣。更無法感受到安養院的貼心，以及是否真的用心觀察、照顧入住者。就算只是小事也沒關係，只有一句話也可以，只要能夠讓家屬感受到入住者「現在實際的情況」，就相當令人高興又安心了。換句話說，只要平常能做到這程度，就算發生了意外也不會惡化到提告的情況。

可惜的是，若沒有信的話，家屬就只能在院報裡揣測安養院的服務。關於安養院發送的院報，也有幾點必須注意。如果裡頭有寫到一般安養院不會特別提及的正確知識，如「關於急救治療的知識與啟蒙」、「過世者人數」、「有幾人得到褥瘡」等等，或是「介紹入住者或家人的信」這類情報就沒問題；如果只有寫著安養院自吹自擂的內容，那就不對了。

法則41 為防止追加費用，在簽約前要仔細確認

在正式入住之後，卻發現費用與簽約時聽到的金額有很大的落差。這其實是常有的例子；請各位在入住前一定要先確認實際的費用金額。

安養院之中，有些在入住前就會詳細列出實際費用，但也有一些卻會故意列出較少的費用。像是將占額較大的餐費先拿掉，讓說明書上的費用看起來相當划算，並只用口頭說明「之後還要再加上餐費」。

也有些安養院會拿掉電話費或水電費。這些原本不在計畫內的金額，若是

三年、五年這樣不斷增加，也會成為相當大的負擔。故意隱藏必要費用這種行為，怎麼想都是不重視入住者的表現，但其實這麼做的安養院還是不少。

除此之外，有些安養院也故意將月費明細弄得相當複雜。我曾看過整張明細共有約一百條的細項。其中房租、管理費、餐費、照護保險個人負擔部分、藥物費用、來回醫院的接送費用這些我還能理解。可是越往下看就越不對勁，還有尿布費用、尿布服務費。尿布服務費是什麼？其實，這是指幫入住者穿脫尿布的費用，一天約六百日幣，一個月下來則是一萬八千日幣左右。

我也曾經看過這麼誇張的細項：洗衣服分類用的貼紙一百張三千日幣，安養院提供的睡衣兩萬五千日幣、中心提供的毛巾一萬五千日幣、娛樂服務會費一萬日幣等等。但這些安養院之所以要提供毛巾或睡衣，據稱是「為了防止傳染，禁止自己攜帶」。有時候也會出現這種入住後才要求支付原本連提都沒有提過的意外花費。

有些安養院提出來的費用細項實在讓人覺得毫無根據，甚至不禁懷疑他們是否真的照實使用經費。

那麼，為了日後不後悔多花入住費用，究竟該怎麼做才好？只要請安養院提出實際的估價單就可以了。請開口要求：「請替我詳細預估一年、三年、五年究竟會花費多少費用。」若是安養院拒絕，最好就直接放棄入住。

不只是月費，請他們也要將每個月抵扣的入住預付金也一起算進去。另外，也必須了解若需要專業照護時，實際花費金額又會增加多少。這時候可以試著要求：「希望可以讓我看看這間安養院最高的帳單金額。」

根據我的經驗，從一開始費用就高的安養院幾乎不會有追加費用，但一開始故意報低價的中心，則很容易之後又追加費用。甚至到了最後，後者的費用反而高過於報價高的安養院。

目前有些照護會收入住預付金，有些則不會。實際試算過這兩種安養院的花費後，會發現兩方的花費約在三年左右追平。也就是說，若打算住三年以上，那麼會收入住預付金的安養院最後支付的總金額可能會比較少。

CHECK

入住預付金的抵扣費用

「抵扣費用」是指從入住預付金裡頭支付給照護中心的金額。關於入住的「初期抵扣費」，在法則13裡有詳細解說。

法則42　是否設計了滿意的照護計畫

附有專門照護服務的安養院，通常都會有專業指導人員製作「照護計畫」，這是用來指示實際執行照護工作的照護人員「該提供怎麼樣的照護服務，才能達到入住者的目標」。同時也是讓入住者與家人了解「安養院會提供怎樣的照護計畫，又會如何執行」。

家屬們可能會認為，畢竟是專家制定的計畫，應該沒什麼問題吧。不過，其實根據安養院的好壞，照護計畫的品質也會有很大的落差，時常會發現內容不夠充實。根據照護計畫的品質不同，也有可能發生跌倒或誤嚥這類意外。

在未附有專門照護服務的中心裡，時常會發現「外部」照護指導人員只憑幾句簡單的問句就隨便設計照護計畫，最後出現問題的情況。這是因為計畫裡未確實指示究竟該提供怎麼樣的服務，照護人員實在無法完全預防一個又一個發生的意外。就算是專門的照護人員，資深者跟新人的技術與知識落差還是相當巨大。比方說，入浴要求上寫著「全面照護」或「部分照護」的指示，也會因為照護人員的理解不同而做出不同判斷。因為指示不清，執行者也只能做出不夠確實的行動。這也有可能演變成滑倒或是跌倒，最後被救護車送往醫院急救的意外。

請一定要確認照護指導人員是否有確實評估，是否有舉行關於個人照護的專門會議，「Plan-Do-See」（計畫、執行、評估）是否確實。參觀的時候也請詢問究竟是誰負責設計照護計畫，是否為安養院聘用的正式員工。

至於照護計畫的品質，只要觀察對方在與入住者及家屬解說的模樣，應該就能看出個大概。若是說明草率，就連提都不用提了。為了不讓入住者有個萬一，請在聆聽說明時，一邊思考大概多資深的照護人員也可以完成這種照護指示。只要一感到疑問，最好就請對方說明到清楚為止。

既然是為了入住者擬定的照護計畫，當然也需要具體的目標。當然，目標必須尊重本人的意願或是家屬的意見後再行設定才是正確的作法。最好與照護指導人員好好地討論究竟該制定怎麼樣的目標。比方說，將長期目標定為「不須他人陪伴也可以獨立去廁所」，而為了達到這目的，則設立了「每天進行十五分鐘的走路訓練」、「每天練習彎曲伸直雙腳二十次」這種短期目標。但若是本人沒有這種需求，當然也不會願意努力，目標也失去了存在意義。

專欄

小心惡劣的安養院：照護相關的客訴、諮詢案例

在這專欄裡，我會介紹獨立行政法人國民生活中心、東京都消費生活綜合中心、神奈川縣等機關收到的客訴或是諮詢案例。為了方便各位容易了解，有些案例我也會稍做改變。請作為選擇安養院的參考。

- 沒有固定的資深照護員，幾乎全都是資淺的照護員，實在很擔心以後能不能受到妥善的照護服務。
- 晚上總是可以聽到護士鈴頻繁響起，有些入住者無法即時獲得協助。
- 身體會受到拘束，如被固定於床鋪上等。
- 安養院長的對應相當隨便，對於入住者意見或要求都只是聽過就算了，從來不打算改善。
- 職員用字遣詞相當粗魯，讓人感覺受到壓迫。

・家母住在附有專門照護服務的私人安養院，曾經在寢室裡連同輪椅跌倒在地，臉部因此骨折，要求安養院提供較仔細的看護時，卻遭到拒絕。

・簽約時制定好的日常照護服務未受履行。

・由於照護者不足，多數入住者被迫白天坐在辦公室前面的大廳，只能整天發呆度過。

法則43 是否願意將重要事項白紙黑字做成契約

正如法則36所說，要從契約書分辨安養院是否優良或惡劣實在非常困難。要將契約書、管理規定、重要事項說明書全都仔細看過也相當吃力。別說是高齡的入住者了，就算孩子一起同席也根本無法找出契約書裡的問題。只要對方心懷惡意，就算真的看出了契約書的問題或是陷阱，之後也會出現其他的陷阱。每天因為這種問題而神經衰弱，煩惱度日實在是太不正常了。

選擇安養院的目的並不是要找出安養院的問題或是漏洞，而在於找到能夠託付剩下人生的優良場所。若是如此，了解經營者或是安養院長、經營公司是否誠實就顯得更加重要。比起想避開風險而研究如何看契約書，應該將重點放在用心體會「這個人感覺不錯」、「好像可以將自己剩下的人生託付給這間公司」。

若真要說出一個確認契約書的重點，那就是要注意「自己最重視的事項是否有寫在契約書上」。比方說你的希望是「希望能在安養院裡善終」，那麼就得住進有這種服務的安養院才有意義。此外還有：就算失智症狀加重，也不用換安養院；無法自己咳痰的時候，希望可以協助吸痰；希望危急時不要急救等等各式各樣的想法。

若是契約書上沒有自己最在意的要點，可以請對方以特約方式補上，或是用手寫備忘錄也沒關係，但一定要請對方簽名用印。可以從對方這時候的反應看出，這裡究竟是間良心或根本是黑心安養院。

簽約時若身為契約者的安養院經營者不在場，通常會是生活諮詢員或是照護支援專員會負責對應，就算對方聽到你的要求後回覆：「好的，我會再轉達」、「我一定會做到」也不能放心。畢竟對方也有可能調職，很有可能五年後不在這間安養院裡了。如果安養院只給口頭回覆，那最好不要繼續深入。

最重要的是「是否願意將你最在意的事白紙黑字寫下來」。就算沒有經營者的署名，只要有文件證明，一旦有個萬一也能作為證據。寫成文件的人雖然也會因此負起重責大任，但若是願意理解入住者心情特地追加條例，或是增加備忘錄的安養院，一定會為了完成你最重視的希望而努力吧。

這也可以說是安養院生活中建立信賴關係的第一步。反過來說，為了在一開始就與安養院築起良好關係，在正式入住之前先明確告知「希望安養院能做到什麼」，也是非常重要的要點。

專欄

每週開辦特賣場的安養院

有間安養院每逢週五下午，就會在大廳開辦特賣場。販售佃煮、香鬆、納豆、小菜、零嘴等等。「這樣會影響營養平衡」、「會攝取太多鹽分」等等，雖然有些安養院會聽從這些營養師的指示，但這裡卻非常不同。聽說每次只要一小時就會賣光光了。

也有安養院會準備十台左右的小型洗衣機，可以讓入住者個別清洗自己的內衣褲。雖然光是如此就能讓女性入住者感到開心了，但優點更不止如此；這麼一來就不用擔心會跟其他入住者搞混，更不用像其他安養院一樣，必須在內衣褲上面寫上名字。在內衣褲上寫名字，對自尊較高的女性（男性也是一樣）來說，應該是件相當傷人的事吧。

還有一些安養院會準備大量餐廳用的白色餐巾來代替圍兜，只要一髒就會替入住者換掉。在其他失智症患者較多的安養院裡，用餐時幾乎都是用給小孩子用的圍兜來防止食物掉落。

願意為了保護入住者自尊而多花點心思。既然都要入住，果然還是希望選到能夠重視每位入住者的安養院吧。

法則44

從成立動機看出安養院的誠意

本書好幾次強調，「應該了解經營公司、經營者的理念或想法」；畢竟這是在選擇安養院時最重要的事。請務必詢問心儀的安養院的經營者、經營公司一開始為什麼會想要踏入照護產業，或是一開始的成立動機。若對方的回答可以打動你，那或許表示這正是適合你的安養院。不過也有些安養院會捏造一些美談，還請多加小心。

我曾聽過某位安養院的經營者說過這麼一件事。那位經營者是女性，原本是在經營便當店。但因為婆婆開始需要照護，她也因此想要學習照護相關的知識及能力，才會收掉便當店，考取了照護專員的證照。而且之後還為了學習更加實用的技術，開始了居家訪問的工作。但那時候她卻看到經營公司完全不去了解高齡者的心情，只顧著自己方便，根本沒有服務品質可言。於是她便打算成立「想讓自己雙親入住」、「自己也想入住」的安養院，才會踏入照護業界。上次我正好去探訪這間安養院，裡頭的入住者全都掛著笑容，充滿活力。

最好也可以了解心儀安養院的經營者，究竟是自己主動去學習照護知識，並且持有自己的理念；或者只是從其他企業接手下來。有些公司會藉由收購而踏入照護這個產業；收購並不是不好，只是就算藉由收購學到了經營相關的知識，也無法買到精神或理念。就算只是簡單的理念也好，只要是屬於經營者自己原創的發想就可以了。若是靠從收購企業借來的照護哲學或是業界整體的規定、諮詢師的建議，是無法獲得職員或入住者的信賴。

無論是大公司、上市公司、有名企業或是老公司，若是少了能將照護事業的理念好好滲透公司外的人物，那間安養院也不會有魅力。若是無法感受到公司的視野、經營哲學的話，安養院的房間會永遠住不滿，經營上更是吃力。許多有著自己理念的安養院，都願意誠實地公開安養院的入住率，充滿了勇氣與公正感。藉由公開財務，並用書面公開安養院的中長期計畫，也是個能判斷對方是否誠實的指標。

專欄

在最終歸宿順利生活的「八條規則」

中村美和身為醫師，也在東京都練馬區開設高齡者專用住宅「光丘PARK VILLA」（光が丘パークヴィラ），她的著作《尋求最終歸宿》中介紹了某間私立安養院院長期入住者所整理的「關於居住、生活的八條規則」。內容如下：

1. 不要一下子深入，要慢慢確認周圍環境。
2. 不要要求他人照自己步調行動。
3. 不要忘記入住的理由。
4. 享受閒暇活動。
5. 抱持著「孤獨也是快樂」的人生觀。
6. 雞婆是白費力氣。

7. 困擾時要找職員商量。
8. 調整為自足的心境。

當我讀到這八條規則時，不禁覺得心有戚戚焉。「不要忘記入住的理由」這點，不僅說明了入住安養院可以解除孤立生活所引起的不安，更點出「孤立狀態的人若是生病或是衰老會引起內心不安」。「調整為自足的心境」這條規則說明了，為了順利度過集體生活，必須抱著中庸的心態，給予「保持距離、不要過度深入、不要特別出頭」的想法。

好不容易找到了適合的安養院，要是因為人際關係而變得難以生活就太可惜了。請參考這八條規則，順利地在最終歸宿生活吧。

法則45 結算表的數字作為判斷參考就好

在選擇安養院時最重要的是照護與服務品質。不過，為了能夠安心長久住下去，也必須注意安養院是否有適當的盈利，財務是否健全。若是找到了心儀的安養院，就要想辦法確認他們的財務狀況是否良好。

若是可以在社會福利法人、醫療法人、財團法人等單位閱覽財務表，就可以先看這些資料。若是自己看不懂，也可以找認識的會計師或是稅務士協助。最好是一次就看最近這三年的財務結算表，若是開設未滿三年的安養院，實在很難光看財務表就判斷財務狀況。

若是沒有公開財務表的安養院，可以單刀直入說明想了解財務狀況，是否能提供可以參考的資料。就算是沒有義務公開財務表的法人，只要了解他們會怎麼對應這種狀況，也是個相當大的收穫。若對方願意誠實對應，並正直說明財務狀況，那麼應該就能算是間值得信賴的安養院。

就算無法看到結算表，也有其他資料可以推測經營狀況。像是經營年數、入住率、員工流動率、入住者的周轉率（每年的死亡、搬離人數）、宣傳費用、行銷方法等等。

入住率也是影響經營最大的指標。安養院是否經營順利，正是由開幕後多久可以住滿人來決定。雖然無法一概而論，但專門照護服務的安養院約是二到三年，也歡迎健康長者入住的混合型安養院則是五到十年左右。若是超過一百間房的大型安養院，也有曾經花了十五年才住滿的例子。

不可思議的是，就算是收費高昂、服務低劣、地理位置也差的安養院在開設三年後也莫名其妙有了約三成左右的入住率。這是因為有許多高齡者對收費標準沒有概念，更堅持要住在老家附近。這也表示有許多入住者或家屬對服務品質不夠了解。更可惜的是，有許多家屬根本不了解入住者的意願、喜好、需求，只是因為距離近就隨便選了一間安養院。

考慮到安養院的損益平衡，最恰當的入住率應該是八十%到九十五%吧。就算一度住滿了，每年也會因為死亡、搬離、轉院等出現空房，這就是安養院的宿命。而且，只要一出現空房，經營者一定想要立刻填滿。但除了總是有人排隊等待入住的安養院以外，大多都為了無法立刻招攬新住戶而傷透腦筋。

老實說，由於有長照保險的給付，日本的安養院無論大小，只要好好的經營管理，都不會有太大的虧損或是負債。通常會出現負債，都是因為母公司在照護事業以外又著手進行其他不動產投資等，問題大多都不是出在安養院。

不過，光只是結算表實在難以判斷安養院好壞，請不要只看財務狀況來決定安養院；因為結算表也是有可能作假帳來欺騙消費者。另外，從法人等級（股份公司、有限公司、NPO、社會福利法人、財團法人、醫療法人等）、經營規模、是否上市、系列公司、多角經營、副業、兼業、專業、是否加盟其他協會或團體等情報，也無法了解安養院的好壞。

結算表最好只作為判斷是否入住的其中一項參考指標。

法則46

比起二十四小時看護，能在緊急時迅速正確處理更重要

安養院不能沒有醫療方面的支援以及協助。但若是要讓看護人員二十四小時輪班常駐，會花費相當高的人事成本。這麼一來，入住費用也會提高。先不提醫療依存度高的入住者，一般來說，二十四小時看護可能有些太過奢侈了。

說得更現實點，比起在意有沒有二十四小時看護，安養院是否能在生病或受傷時迅速請醫生過來，或是陪同一起到醫院看診才更是重要。也要注意在聯絡家人時必須體貼仔細。關於病危時的照護等問題，是否能與說明或建議詳細易懂的

醫師團隊合作、急救治療、尊嚴死、安寧死亡等等，若也能與安養院討論這些細節，那就更讓人安心了。

在與醫療機關的合作方面，雖然有許多消費者期待二十四小時的看護體制，但實際上目前只有非常少間安養院能辦到。現在主流多為與醫師簽約定期看診，但就算安養院設有一聯絡就能立刻處理的「on call 體制」，服務內容也只有包含合約上的狀況罷了。

所以，與其在意是否有「二十四小時看護」，不如重視安養院在危急或住院時能給予怎麼樣的服務。住院時是否一起陪同，或是換洗衣物會由誰來負責，多久來一次，願意做到什麼程度等等。看護人員是否會陪同一起到診所或是醫院？陪同到醫院要花多少錢等等。最好也先跟安養院確認這些細節吧。

法則 47 對「送終」及「失智症」的對應可以作為安養院好壞的根據

在我的觀點裡，安養院對於「送終」與「失智症」的對應或想法，可以作為評斷安養院好壞的重要根據。Body（身）、Mind（心）、Spirit（靈）——這三者取得平衡，應該就是度過舒適滿足人生的必要關鍵吧。只要職員懷著真心照顧入住者，無論是身處哪一間安養院，應該都能維持身心的平衡才對。

但是說到靈魂，畢竟每個人的想法或宗教觀各有不同，實在很難一概而論地要求安養院做出什麼樣的服務。每當我探訪認同多元宗教的美國安養院時，時常聽到「Body, Mind, Spirit」這句話。這也是因為經營者相當注重安養院是否有照顧到入住者「身心靈」這三方面的緣故。

大多數美國安養院都會有教堂，基督教的牧師或是天主教的神父會定期造訪，帶領入住者祈禱。正因為人對死總是報有著不安與恐懼，才會想透過宗教儀式來為迎接死亡做好準備。

日本大多數的安養院就跟日本社會一樣，幾乎將宗教的話題當作禁忌。幾乎所有安養院都不會針對死亡這件事與入住者進行諮商。但是，我認為對「Spirit」的照護也相當重要。安養院對「送終」及「失智症」的對應也就能代表他們對「Spirit」的照護。在日本還是有眾多安養院經營者，還是會下意識避開思考「送終」這件事。

真正優秀的安養院一定會正視對入住者「靈魂」的照護，請透過經營者或工作人員的對話來確認這件事。

法則48 從失智症照護可以看出安養院的用心與認真

入住前請先確認安養院對失智症的照護服務；若是在入住之後才發病，有些安養院甚至會因為出現的失智病症不同，而要求入住者離開。

失智症越加惡化，家屬們也會更加難以應對。就目前的社會狀況，還是不得不依靠團體安養院或是可以應對失智症照護的私立安養院。曾有人來諮詢「要怎麼樣分辨安養院失智症照護服務的好壞？」

醫學上對失智症的治療方法可說是日新月異。而另一方面，安養院對失智症患者的對應也各有不同。有些安養院的服務主要是請醫師開處方箋給藥，有些則是引進了被稱為「觸摸式照護（Taktilis care）」這種肌膚接觸的照護法，還有些是會特地聘用失智症照護專家這類有證照的專業人士。不過，就算是有證照的專業人士，也不代表那間安養院就值得信任。相對的，有些安養院就算職員沒有證照，卻還是對照護失智症病人這件事滿懷熱情，總是提供用心的照護服務。

每個失智症患者的症狀各不相同，需要的對應也各有不同。究竟該怎麼樣調整安養院內的體制，實在很難做出完美的判斷。基本上，我也只能說必須要依靠資深專門醫師的診斷以及照護員的正確知識來應對。最重要的是，不是要看安養院對失智症的應對是否正確，而是要了解安養院對失智症照護的想法。

比方說，某間安養院裡有個沒有公車會停靠的站牌，這是安養院特地為了每到黃昏時就打算回家，患有日落症候群的入住者特別設置在安養院庭院裡的服務。

只要入住者開口說出：「我要回家了。」工作人員就會回答：「那就搭巴士一起回家吧。」並將入住者帶到站牌前。不過，當然巴士不會過來。過了一陣子之後，只要再說：「這裡風很強，要不要進去裡面休息一下？」分散入住者的注意力，就能順利將他們帶回房間。

並不是直接回答「不可以」、「不行」，而是詢問本人的意見，並試圖同理他們的心情，讓他們自由行動，才能讓入住者感到安穩放心。看到這間安養院對失智症患者的生活與行動有著如此深的理解，甚至還做出了實際行動，實在讓我不禁感動。

只要正確了解失智症，不僅可以順利做出正確的反應，也不會讓高齡者感到恐慌。從這舉動裡，更可以感受到經營者希望入住者可以在安養院裡安心又幸福生活的心意。

目前各安養院對失智症各有不同且多樣的對應方式。在選擇安養院時，也請注意安養院的應對，還有他們是否認真且毫無偷懶地面對失智症患者吧。

專欄

拜拜用的白飯會另外煮的安養院

在這裡，我想介紹一間重視入住者心情，並因此增加服務內容的安養院。

在那間安養院的餐廳裡，可以隨時添飯的大電鍋旁邊放有一個單人用的小電鍋。這個小電鍋，其實是專門用來炊煮供在佛壇上的米飯。

要從許多人翻攪過的電鍋裡盛飯給佛祖，實在覺得有點不恰當。「畢竟這裡是安養院，沒辦法什麼都如意啊……」對心懷這種想法而放棄的人來說，這也能算是個令人驚喜的意外吧。再加上這間安養院入住者有八成都是女性，這項服務可說是相當受到歡迎。

女性無論到了幾歲還是喜歡打扮自己。於是，這間安養院會預先買下百貨公司的特價品，再便宜地販賣給入住者。每次販售的時候，整間安養院就像個小型特賣會。工作人員們也會擔任服裝師，「這個跟這個搭在一起，真的很適合○○小姐耶！」不僅買氣隨之上升，入住者也覺得相當開心，真是一舉兩得。

法則49
「送終」反映出安養院的自信與驕傲

前面針對分辨安養院好壞提供了許多法則，最後的這一條法則，想要探討的是入住者過世時安養院的應對方式。

比方說，有些安養院在入住者死亡時不會告知其他人，原因是「會影響其他入住者的心情」。這種安養院不會將遺體從正門好好送出去，而是從後門悄悄地送走。我認為，這代表安養院「逃避」的心態；表示他們對「死亡」的對應相當消極。分明是這種態度，還大聲宣傳「請將安養院當成自己家」，是不是有點奇怪呢？

相對的，有些安養院會在院內舉行葬禮。當然不是正式的葬禮，而是像「告別式」的感覺，入住者可以穿著一般的衣服，帶著念珠一起跟著服務人員向死者告別，再將遺體從正門送離安養院。

在我看過的安養院裡，通常最熱心參與葬禮的都是入住者。這是因為，他們會認為「我也可以這樣被送離這裡」而感到安心。就算不用請宗教相關人士來舉行儀式，光是能知道自己能好好地被照顧到最後，就已經能讓高齡者的心靈得到救贖了。

入住者心裡一定對死亡多少有著心理準備。在餐廳總是會打照面的人，有一天卻突然不見了，肯定會擔心是不是出了什麼事。但若是安養院又裝成一副沒事的樣子，反而會讓人更加不安。既然如此，不如大家一起送他最後一程，反而會有正面效果。可惜的是，有許多經營者還不懂這一點。請試著詢問「若是過世了，會怎麼應對呢？」若對方回應「會跟合作的禮儀社聯絡，盡快送走遺體」，那麼，我想應該也不用勉強自己硬要住進這間安養院了。

有些安養院設有靈堂，或者是設有能作為靈堂使用的多功能空間。這些安養院不會特別將「送終」當作是特別的禁忌。這裡的靈堂不只是安置遺體的地方，也能依照入住者的希望，作為葬禮的會場。藉由好好送走過去努力照護的入住者，經營者、工作人員、入住者也會更有向心力。藉由了解經營者對送終的想法，可以看出經營者內心的成熟度以及博愛程度。

其實對職員來說，在安養院送入住者最後一程也可以提高他們的工作動力。雖然這麼說或許有點不夠恰當，但正因為人的生命有所限制，才可以真心全力地照護入住者；就算「死亡」是件悲傷的事，但依舊會伴隨著成就感。某位照護人員曾經這麼說道：「平常我努力照顧的入住者在臨終前還特地謝謝我，最後送走他的時候我的眼淚根本停不下來。能夠從事照護這份工作，真的是太好了。」

各位或許會認為，「就算去住安養院，死亡時應該還是會去醫院吧」，不過，若是願意替入住者舉辦告別式的安養院，一定也會接受入住者「希望能在安養院裡善終」的要求。

許多入住者都是打算將生活與人生託付給安養院。但是，能有這種覺悟的安養院是否還不夠多呢？許多安養院都只是收錢照顧高齡者的生活日常，卻不知道對方其實連自己的靈魂都一起託付給了安養院。但是，我們還是得從這些稀少的選擇裡頭，找到「這間安養院應該可以負起責任照顧我到最後」的地方。

我認為，最大的關鍵就是在於「安養院究竟對自己的工作懷有多少自信與驕傲」。在這之中，最具有社會意義的正是關於「送終」這項服務。人生只要能有個好的結尾就相當足夠了。希望各位也能找到，可以抬頭挺胸地說出「能幫助高齡者幸福走完最後一程，實在很有成就感」的安養院。

第二章

尋找最終歸宿的心理準備

尋找最終歸宿的心理準備

高齡者設施，是在前往另一個世界前的「天堂」與「地獄」。看過一千四百間以上的高齡者設施後，我不禁產生了這種感想。究竟是在前往另一個世界前，過著滿足幸福如「天堂」般的生活，還是心中充滿後悔，在如「地獄」的環境中等著最後時刻的到來。當然，我希望各位可以在「天堂」享受人生最後的階段。為了這個目的，我將必要的基本知識統整在前面四十九條法則裡。

我也了解，要全部依照這些法則去實踐或是檢討安養院，實在是件相當辛苦的大工程。對於要自己尋找安養院的高齡者來說，在實踐這些法則時很有可能會煩惱不知道該怎麼做決定才好。或許有些法則也會被認為實在太過嚴格。我在二〇一二年所成立的「一般社團法人・私立安養院入住支援中心」也會協助難以實踐這些法則的高齡者尋找安養院，會站在入住者的立場為各位提供幫助，請盡量前來諮詢。台灣若遇到這些情況，可以尋求政府相關單位或社福團體的協助或諮詢，相關單位有「衛生福利部」、「中華民國老人福利推動聯盟」、「伊甸社會福利基金會」、「弘道老人福利基金會」等等。

老後的風險是「長命百歲」與「失智症」

在開始選擇安養院前，有些事必須要先了解。老後有兩個相當大的風險，一是你可能會活得比自己或家人預想得還要長；二則是罹患失智症。

長命百歲會有什麼樣的風險？

各位應該知道在「平均壽命」以外，還有「健康壽命」及「平均餘命」的統計。平均壽命是連未足歲嬰兒也一起列入計算的壽命；另一方面，健康壽命簡單

說就是，日常生活不受失能影響的健康期間；平均餘命則是到達某一個年齡後大概還會活多久的指標。（參考下一頁圖表）

日本女性的平均壽命是世界第一的八十六．四一歲，男性的平均壽命是七十九．九四歲（二〇一二年的資料）。但是，能健康生活的健康壽命平均值，女性是七十三．六二歲，男性是七十．四二歲（二〇一二年的資料）。也就是說，女性有十三年，男性則是約有十年左右必須過著不健康的生活。在台灣，根據內政部統計，二〇一七年台灣女性的平均壽命為八十三．七歲，男性平均壽命則為七十七．三歲。而男女平均健康壽命則大約為七十二年，換言之，約有八年是過著不健康的生活。

再來看看平均餘命的資料，我們可以發現高齡者很有可能活得比平均壽命還要久；因為平均壽命的統計資料裡也包含了未足歲的嬰兒。另一方面，日本現在七十歲女性的平均餘命是十九．四五歲。也就是說，七十歲女性今後還會再

關於台灣平均壽命、平均餘命

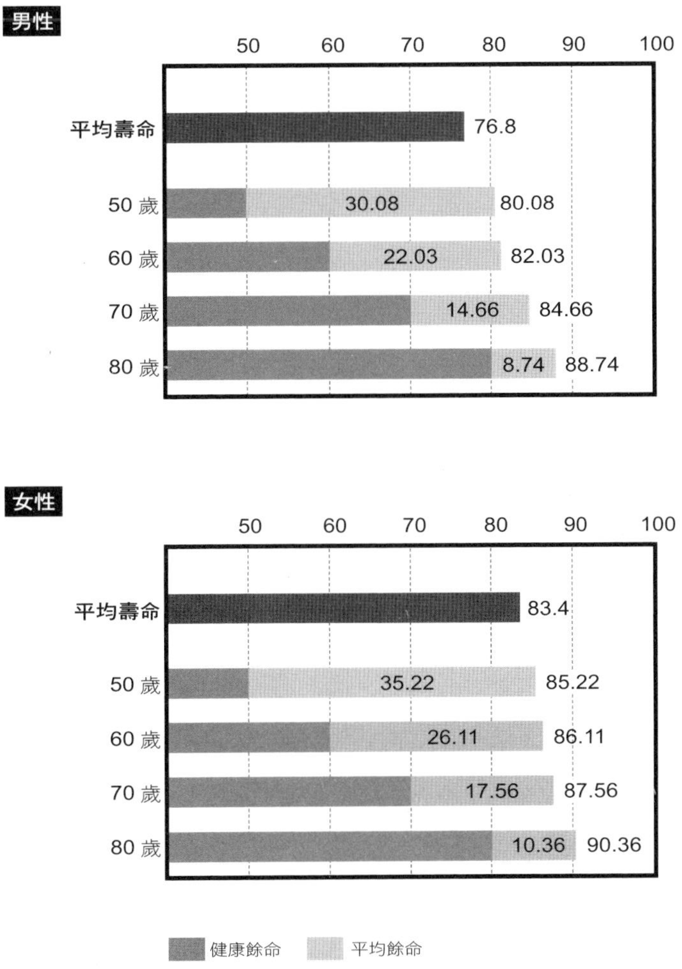

資料來源：內政部統計處。

台灣部分數據資料為另外補充，非原本書籍內容。

活多少年，不是用平均壽命來減掉七十歲後變成「十六．四一年」，而是「十九．四五年」。在台灣，根據內政部的統計，二〇一七年七十歲女性的平均餘命約為十七．五六年，七十歲男性的平均餘命約為十四．六六年。

了解這些資料後，應該也能了解關於入住預付金的計算根據了（法則13有詳細解說）。當然抵扣期間結束，仍一直住下去的高齡者也會繼續增加。考慮到活得比想像中久，在選擇安養院時最好要以長期入住為前提來選擇。

至於另一個風險的失智症，實在沒有人可以預測。請假設自己未來很有可能無法做出正常判斷，趁著身體跟精神都還健康時規劃好自己到臨終前的計畫吧。

必須先思考的十項事例

在我協助高齡者尋找安養院的經驗裡，也了解到人應該盡早為自己的死亡做好準備。趁著理解能力、選擇能力、判斷人力、決斷能力還相當敏銳時，必須先思考自己的「死亡方式」，並深入檢討、選擇、決定、準備。

最晚也必須在自己決定入住安養院後，開始思考今後的三十到四十年的人生，並針對下列十項事例進行充分檢討，整理自己的想法，了解實際狀況後再決定方針。

1. 生活：六十五歲後的三十到三十五年裡，要做些什麼事。

2. 健康：為了提昇或維持健康的方針。維持「多病卻健康」的平衡順利生活。

3. 收入：退休後的收入、老人年金、利息、分紅、房租、補助金等等。

4. 法律相關：失智症與代理人制度、遺產、遺言、尊嚴死、生前契約、急救治療、器官捐贈。

5. 家人：重新整理與家人的關係、保證人、緊急聯絡人。

6.資產（除了不動產以外）：資產管理、信託、繼承等方針。

7.不動產：管理、販售、繼承等方針。

8.照護：居家照護、安養院、失智症照護、臨終照護、送終、安穩死亡、自然死。

9.醫療：請趁健康的時候與家人及醫師討論急救或是治療要作到什麼程度。送終、器官移植、器官捐贈等方針。

10.葬送：葬禮、納骨等方針。

要趁頭腦還清醒時先考慮、準備的重要事項有兩個，一是第4項與遺言相關的事項。為了預防自己因為失智症而失去判斷能力，請先立好遺囑並指定代理人。

二則是第8項與第9項的送終與急救治療，請明確告知自己的希望。請將

QOD（Quality Of Death，尊嚴死、安穩死亡）也納入考慮，決定自己在臨終時究竟有什麼樣的方針或考量。

另外，關於「最後筆記」我建議分成三冊。一本是給急救人員看的筆記與聯絡方式、另一本是從生前就與家人們共享的筆記，最後一本則是不希望在生前公開，但記載了在死後可以不讓家人或關係人士感到困擾的筆記。

尋求最終歸宿

世界上大多數的高齡者都希望能在家裡迎接人生最後的時刻。日本從以前就有句話說：「最後想死在榻榻米上。」，雖然現在的房間越來越多沒有和室，這句話也顯得有些老氣，但裡頭還是含有深深想要在自家平穩迎接死亡的想法。在自家安穩過世，也就是「一直都健康充滿活力，但一下子就突然過世，沒有受到任何痛苦」，這或許才是最為理想的死法吧。

但就現實來說，在自家過世實在是個相當難實現的願望。日本大部分的人（二〇一〇年約八成）是在醫院裡嚥下最後一口氣[1]。

尋找安養院的人應該大部分都是想將安養院當成自己的「最終歸宿」才對。但抱著「最終歸宿」的希望入住了安養院，卻發現大多數的設施不會協助送終。特別是在長照保險開始後才開設的安養院，不僅是送終、守靈、葬禮，就連重度失智症患者都不願意收容。甚至有一部分的安養院比起追求入住者、家人或職員的滿足度，還更重視怎麼樣才能獲得長照保險給付，只負責最低限度的工作。

另一方面，我至今探訪過不少安養院，像在北歐等人口不到兩千萬人的國家

1　在台灣，二〇一五到二〇一七年，國人臨終死亡的地點也是以醫院為主，比例超過55%。

裡，都根據高負擔高福利這種針對高齡者的政策，提供了許多令我們驚訝、感嘆甚至羨慕的服務。或許這些國家能作到這些程度是因為他們人口數量或是高齡化速度較低，無法跟日本做比較；但從稅金、社會保險費等方面來看，在高齡社會中政府與國民之間的信賴度，實在與我們有著相當大的差別。

當然，現在日本的高齡者福利與相關的安養院、長照住宅、設施等由於有了長照保險的保障，與高齡者設施較落後的國家比起來仍有相當優秀的地方。但是，從每一位入住者、家屬、職員來看，日本的高齡者設施絕對稱不上能夠誇耀世界的等級。

比方說美國佛羅里達州的西棕櫚灘有間「McKeen Towers」的設施。雖然其中健康者、需照護者、中度失能者全都住在同一棟建築物裡，卻也各自設置了不同的入口，將動線分開。另外，無論入住者是在什麼狀況下入住，日常生活活動功能（ADL）如何，都會仔細照護失智症或是負起送終的責任。這應該就能稱作是

「最終歸宿」吧。

在我剛開始探訪高齡者設施時，會因為看到重病患者的模樣而感到憂鬱消沉；更會對惡劣的安養院感到義憤填膺；對經營或服務還不夠成熟的安養院感到失望，但最近無論探訪了怎樣的安養院，都不會再感到憂鬱。這是因為在看到自己將來也想入住的安養院，或是看到安養院提供令人深感敬佩的服務時，體會到的喜悅遠遠大過了那些負面情緒。

我自己想入住，也想推薦給親戚、朋友的，正是願意接納所有失智症患者，願意照顧入住者到最後的安養院。若是必須在安養院裡送終，那麼設施本身的醫師、看護師、安養院長、照護專員、職員的團隊合作就顯得相當關鍵。這也代表，只有組織相當健全的安養院才能做到。

再次思考，最終歸宿究竟是怎麼樣的一個地方？就某方面來說，是可以度過人生最後階段的安住之地。另一方面，也是可以實現理想死亡方式的地方。每個人都有各自的生活方式，但這些「生活方式」的集大成正是「死亡方式」。在死亡方式上，究竟會是誰為生命劃下休止符？是人類無法抵抗的「自然」嗎？還是日新月異進步的「醫學」呢？或者是「當事者本人」呢？至少，我認為決定自己人生最後死亡方式的應該是本人。能夠自己決定死亡方式的地方，那就是所謂的最終歸宿。

後記

高齡者的相關社會環境每年都有不同的變化，自從團塊世代開始邁入六十五歲之後，日本的高齡化現象更加嚴重。根據總務省統計的推斷人口，六十五歲的高齡者為六千一百八十六萬人，達到了史上最高的數字（二〇一三年九月資料）。被厚生勞動省認定「可接受照護」的人數在二〇一三年末時則有五百零六萬人，也是史上首度超過五百萬人。受認定者不斷增加，已經是二〇〇〇年長照保險制度開始的兩百五十六萬人的兩倍。長照保險所花費的費用減去使用者負擔後，也一年高達了七兆日幣。

隨著這些數字變化，私立安養院也逐漸增加，各式各樣的高齡者設施一一登場，互相競爭服務。幾乎每天在報紙、電視或是電車廣告都可以看到安養院廣告。單純一點來想，先考慮品質，光是數量增加就代表市場從賣方逐漸傾向了買方。不過，這也要入住者或是家屬能有「選擇的眼光」才能找到理想的安養院。

即使私立安養院的數量增加，還是有惡劣黑心的業者存在。「事後被要求支付原先沒有的費用」、「分明打著二十四小時看護的服務，晚上卻只有兼職的照護員或警衛」、「院長每一年都會換人，有什麼希望或需求都無法順利傳達」這類的控訴或是糾紛仍是源源不絕。目前對於查緝、阻止這類惡質安養院的機能仍是相當不足。雖然優良真心的安養院增加了，但在玉石混淆的情況下，要自己找尋「適合自己的安養院」實在相當不簡單。

我之所以成立了「一般社團法人・私立安養院入住支援中心」，站在消費者立場提供選擇安養院時的協助，正是因為這個原因。我現在仍會每個月探訪二十間以上的安養院，不斷累積資料，在最大限度內考慮入住者的希望，並協助尋找最終歸宿，陪同一起簽約，入住後也提供諮詢，給予一輩子的協助。

今後高齡者住宅、照護設施一定會比現在更有需求。我也會站在入住者、家屬的立場尋找更優良的安養院，並協助目前既有的安養院提高照護品質。

在這些準備裡，最重要的就是前往現場探訪。比方說，當我去安養院時，一定會觀察工作人員的表情或是樣貌。只要看臉就可以知道對方究竟有沒有幹勁。當然，我也會觀察入住者的表情。更不會漏掉浴室與廁所。真正會重視入住者的安養院也會重視這些空間，並多下苦心。若是不到現場去，就無法了解人心。但是，大多數的人都不會那麼認真地到安養院參觀，反而更加重視地理位置與費用。這也代表了有相當數量的人沒有仔細參觀安養院，因而做出了錯誤的選擇。

我在二〇一三年的報紙上刊登了我推薦的安養院廣告（每日新聞五月二十三日），這也是因為我想告訴大眾，日本也有這種符合世界等級的安養院。

我想讓大家了解，日本也有安養院不只能讓入住者或家屬滿意，連在裡頭的工作人員也都充滿了幹勁，入住者也會以笑容回報他們的努力。我希望能讓想為社會福利提供土地出租的地主了解真正優秀的安養院經營公司是什麼樣子。另外，與融資、投資相關的金融機構也可以了解，顧客滿足度高，空房總是能立刻填滿，因高入住率而產生穩定收入，資產狀況健康的安養院會是怎麼樣子。

今後我也會與諮詢者一起尋找最終歸宿。而在本書裡，已經將這些知識簡單易懂地統整了起來。我也衷心希望這本書能夠成為各位尋找最終歸宿的助力。

上岡榮信

高寶書版集團
gobooks.com.tw

新視野 New Window 183

想推薦給父母，自己也想住進去的幸福安養院：全方位選擇指南

親に薦めたい！自分も入りたい！老人ホーム探し 50 の法則

作　　者　上岡榮信
譯　　者　賴芯葳
主　　編　吳珮旻
責任編輯　蕭季瑄
封面設計　林政嘉
排　　版　趙小芳
企　　畫　鍾惠鈞

發 行 人　朱凱蕾
出　　版　英屬維京群島商高寶國際有限公司台灣分公司
　　　　　Global Group Holdings, Ltd.
地　　址　台北市內湖區洲子街 88 號 3 樓
網　　址　gobooks.com.tw
電　　話　(02) 27992788
電　　郵　readers@gobooks.com.tw（讀者服務部）
　　　　　pr@gobooks.com.tw（公關諮詢部）
傳　　真　出版部　(02) 27990909　行銷部 (02) 27993088
郵政劃撥　19394552
戶　　名　英屬維京群島商高寶國際有限公司台灣分公司
發　　行　英屬維京群島商高寶國際有限公司台灣分公司
初版日期　2019 年 2 月

國家圖書館出版品預行編目（CIP）資料

想推薦給父母，自己也想住進去的幸福安養院：全方位選擇指南 / 上岡榮信著；賴芯葳譯 . -- 初版 . -- 臺北市：高寶國際出版：高寶國際發行，2019.02
面；　公分 . -- (新視野 183)
譯自：親に薦めたい！自分も入りたい！老人ホーム探し 50 の法則

ISBN 978-986-361-634-4 (平裝)

1. 老人福利　2. 老人養護　3. 安養機構

544.85　　107022985

GOBOOKS
& SITAK
GROUP©